Dzień Wypełniony Uśmiechem

Order this book online at www.trafford.com
or email orders@trafford.com

Most Trafford titles are also available at major online book retailers.

Print information available on the last page.

ISBN: 978-1-4251-2089-4 (sc)

Trafford rev. 05/24/2023

www.trafford.com

North America & international
toll-free: 844-688-6899 (USA & Canada)
fax: 812 355 4082

Dzień Wypełniony Uśmiechem

Anna Maria Stokłosa

Specjalne Podziękowania dla:

Męża

Syna Klaudiusza
oraz
Córki Michelle-Evelyn

Skarby Ukryte
w
Duszy

Przedmowa

Życie jest kolorowe jak tęcza na niebie, przeplatane najróżniejszymi barwami: począwszy od czarnego bólu poprzez różowy uśmiech aż po białą niewinność. Kolory życia zmieniają się w miarę ludzkiego doświadczenia, gdzie nieubłagalny czas rzeźbi ludzką duszę; tylko najmocniejszy przetrwa życiową wichurę nie narażając jej na cierpienia. Wielu ludzi jest kruchych niczym delikatny kwiat; lekki przymrozek zmartwień i depresja wchłania człowieka w swe skrzydła swą mocą.

Pięknem tego świata jest odrębność człowieka, jego myśli i czynów. Nie ma dwóch takich samych ludzi na świecie, dwóch problemów mierzonych tą samą miarą lub siły miłości pożądanej przez dwie spragnione osoby.

Podnietą natomiast jest dzień jutrzejszy; ta niewiadoma, ten promyczek nadziei pobudzający bicie serca, popędzający w żyłach krew.

Życie skupia się wokół dnia codziennego który rozdaje troski, radości, łzy i uśmiechy nie chcąc nic w zamian tylko odrobinę uwagi. Gdyby ludzie chociaż na moment odstawili swoje zabiegane życie, usiedli i rozglądnęli się – w około jest pięknie – trzeba to tylko umieć dostrzec. Człowiek dostrzegający piękno rozumie duszę drugiego człowieka. Rozumiejąc kogoś otwiera oczy na otaczający go świat; tyle zła w nim istnieje, tyle pychy, egoizmu, ale również przyjacielstwa i bezgranicznej miłości. Czyż nie lepiej by było zostawić żałości, winy, groźby i smutek poza ludzkim ciałem i umysłem – zjednoczyć się dla ratowania godności drugiego człowieka i siebie? O jakże by było łatwiej żyć!

Często ludzie skarżą się na swój los, ale czy tak naprawdę jest im aż tak źle...? Życie jest pięknem i jest ciągłym wyborem marzeń oraz dróg. Dobry wybór, rozpoznanie sytuacji, sprawia iż życie staje się przyjemnością obiecującą słoneczny dzień. Pomimo narzuconej cudzej woli, człowiek dokonuje wyboru; każda obrana droga prowadzi do celu poprzez inne doświadczenia, przygody oraz znajomość innych ludzi. Każdy człowiek mierzy życie inną miarą. Urokiem jest świadomie przeżywanie każdego momentu, napajanie się dniem teraźniejszym, jego zaletami i troskami, a co najważniejsze - pięknem.

Często zdarza się, że człowiek posiada mnóstwo przyjaciół, lecz tak naprawdę upewnia się o istnieniu tego kogoś w trakcie swego upadku. Stojąc tuż obok omdlewającego człowieka, bezinteresownie podając mu rękę, starając się go zrozumieć i ocalić - ten ktoś może być nazwany „przyjacielem".

Opinia ludzka odzwierciedla się w czynach drugiej osoby; często kruchy człowiek marnieje pod ciężarem pogardy. Kim jesteśmy aby osądzać drugiego człowieka?, czyż nie lepiej go zrozumieć, co pociągnie za sobą odpowiedź na wiele pytań zadawanych przez tysiące lat.

Jednym z najpiękniejszych kolorów życia jest miłość. To ona nas podtrzymuje przy życu, nie pozwala zwątpić i często czyni „niemożliwe" oraz nadaje życiu sens. Aby w pełni zrozumieć miłość, trzeba jej doświadczyć.

Poezja zawarta w tej książce skupia wiele tematyk; otulona słowami, pozwala na zadumę oraz na śmiech. Wiersze zostały pisane na przełomie paru lat czerpiąc tematykę z dnia codziennego.

Poezja jest pięknem zawartym w słowie.

Anna Maria Stokłosa

Kiedy czas się zatrzyma

Czas się zatrzymał – co zrobisz?
Masz cały świat dla siebie
Co byś zmienił, a co pozostawił takie same?
Dokąd byś poszedł i z kim rozmawiał?

Czy byś miał tyle odwagi
Aby stawić czoła ludziom którzy cię zranili
By powiedzieć im z miłością
„Ja tobie przebaczam"?

Czy byś dotknął dłoni człowieka którego nie znasz,
Popatrzył mu w oczy z troską,
Zdradził tajemnicę twych uczuć,
Wiedząc o tym, że on cię nie słyszy?

Czy byś poszedł do najbliższych
Podzielić się swoją miłością
Uświadomił ich o twoim uczuciu
Noszonym w sercu przez wieki?

Czy byś zmienił cokolwiek w swym życiu,
Szczegóły tak błahe dla ciebie,
Do których nigdy nie przywiązywałeś wielkiej wagi
A które dla innych były niczym świat?

Czas się zatrzymał i możesz wybierć...
Czy byś zmienił członków swej rodziny
Na kogoś innego – kto ci się podoba
Czy dziękował za to czym cię Bóg obdarzył?

Czy byś się cieszył z ulewy deszczu
Wiedząc że zmokniesz do suchej nitki
Nie zwracając uwagi na ludzi co z ciebie szydzą
Czując cudowne krople deszczu na swej twarzy?

Czy byś mógł się zatrzymać razem z czasem
Pozwalając wiatru otulić twe ciało
Dotknąć słońca i porozmawiać z tęczą
Pozwolić gwiazdom aby niosły twój sekret?

Często myślisz o jutrze, żałując tego co było wczoraj
Chcąc się utrzymać na powierzchni za wszelką cenę
Ranisz ludzi postawionych na twej drodze
Myśląc że są przeszkodą do twojego szczęścia

Co, jeżeli czas się zatrzyma na zawsze?
Nie dając drugiej szansy na życie, na miłość...
Zabierając najważniejsze momenty twego życia
Oraz szansę zjednoczenia?... Pomyśl...

Jeden

Jeden świat a tak wiele istnień
W jednym życiu tak wiele myśli
Nieskończona liczba pomysłów chce nas uszczęśliwić
Tylko po to, że posiadamy jedno życie
Jedno życie a tak wiele kłamstw
Jedno kłamstwo pochłania wiele istnień
Prawie każdy pielęgnuje tajemnicę
Tajemnicę która chroni życie, piękno i magię
Jedna dusza ma tak wiele nadziei
Nadziei, które otwierają drogę do wielu przygód
Z nadzieją na lepsze życie
Aby zaspokoić swe pożądanie
Jedna szkoła a tak wiele uczniów
Gdzie każdy uczeń ma wiele talentów
Używa ich aby udowodnić swe istnienie
Ale tak naprawdę, uszczęśliwi go tylko jeden
W jednym lesie jest mnóstwo drzew
Każde drzewo może opowiedzieć inną historię
Ukrytą w naturze tego lasu
Trzymaną jako tajemnicę przez wieki
Jedna rzeka ma wiele kropel wody
W jednej kropli ukryte jest życie
Deszcz zaspokaja pragnienia przyrody
Aby strzec tajemnicy istnienia.

5

Osądzanie drugiego

Jakże łatwo jest pokazać palcem
Na kogoś gorszego od siebie
Śmiejąc się z niego za jego plecami
Pomimo iż to nie jego wina

Jakże łatwo jest się śmiać na głos
Z przyłapanego na gorącym uczynku
Później odpowiedzialność i kara
Wisi nad nim niczym przepaść

Jakże łatwo jest uczyć drugiego
Jak ma żyć, z kim być, gdzie pracować
Życie wydaje się łatwe dla obcego
Często ten „ktoś" nie zna prawdy

Jest bardzo łatwo zobaczyć cudze błędy
I wytykać palcem zawzięcie
O jakże łatwo osądzić drugiego
Szczególnie kiedy nie ma się nic z nim wspólnego

Jakże łatwo powiedzieć „jesteś głupi"
Wymachiwać rękoma z wrzaskiem
Robić kłótnię o to czego nie ma
By wystraszyć drugą osobę

Jakże łatwo obiecać komuś raj
Na głos wyobrażać swą przyszłość
Jest łatwo wyobrazić sobie piękno
Na które nas dzisiaj nie stać

Jakże łatwo jest cieszyć się z drobnostki
I udawać że świat należy do „nas"
Jest łatwo powiedzieć „moje jest najlepsze"
I nigdy nie pochwalić przeciwnika, mimo iż on może być lepszy

Jakże łatwo obwiniać drugiego za nasze błędy
Chcąc by za to drogo zapłacił
Tylko dla naszej satysfakcji
Że jesteśmy więksi na tą dzisiejszą chwilę

Jakże łatwo obwiniać drugiego człowieka
I wyróżnić go w tłumie dla pogardy
Jakże trudno zobaczyć nagą prawdę
Własne wnętrze, życie i prawdziwe oblicze

Bardzo trudno jest zobaczyć własne winy
I osądzić samego siebie patrząc w lustro
Dotrzymać słowa i ofiarować uśmiech
Każdemu napotkanemu na naszej drodze.

Niemożliwość

Jakże może być zjednoczona niemożliwość
I błogosławiona przez Boga na wieki?
Trudno jest wyobrazić sobie coś rozległego
Ściśniętego czasem, trzymanego w wierze

Porwanego przez czas i wyrzuconego we wszechświat
Po to aby zobaczyć emocje przez pryzmat światła
Nadchodzącego z przestrzeni, wyżłobionego przez czas
Posypanego popiołem, gotowego do walki

Walki z samym sobą, o prawdę i wiarę
O wolność oraz prawo do śmiechu,
Dotyk ust magią róży kolczastej
Podaną podczas spragnionej nocy

Niemożliwość może być zjednoczona z wiatrem
Wysłana poprzez galaktyki po piękno
Aby podbić gwiazdy w przestrzeni
Dotknąć księżyca za pomocą promieni słońca

Dzień może być przyjacielem nocy
Oraz wiara może być nietykalna względem nas
Wieczność zaczyna się od teraz...
Dlatego wszystko jest możliwe.

Czymże jest czas?

Czas jest nietykalny
Nie można go dotknąć ani poczuć
Nie można zabrać ze sobą – lecz...
Jak najbardziej pielęgnować wspomnienia
Czymże jest czas którego nie można uchwycić?
Przechodzi obok nas otulając nas swym czarem
Dotyka naszych twarzy oraz stęsknionych serc
Igra z ludzkimi emocjami
Czas się nie lęka ani nie płacze
Stojąc obok wpatruje się w ludzi
Z kamiennym uśmiechem na twarzy
Uczy się naszej historii
Każdy człowiek inaczej mierzy czas
Zdarzenia i lęk zatrzaskują godziny
Warstwy budują się wokół nich
Śmiejąc się i płacząc burzliwie
Ale czy tak naprawdę można zatrzymać czas?
Cieszyć się nim po nieskończoność
Otulać bliskich miłością swą
I duszą tak spragnioną?
Czas jest więcej niż drogocenny
Nikt nie potrafi go kupić, ni zatrzymać
Jedynie podać mu rękę, uśmiechnąć się i...
Razem z nim powędrować.

Ponurość dnia szarego

Dziwny dzień – ponury, deszczowy, samotny
Wyłudzony z mroku, poszarzały przez wiatr
Duże krople deszczu nam po szybach mokną
Marząc by ich wpuścić do krainy tej
　Szarość dnia owiała całą wioskę naszą
Pochłaniając nawet pejzaż oczu tych
Pobielonych w słońcu za czasów gwieździstych
Okradzionych żywcem przez deszczowy dzień
　Dzień ponury robi nam paskudny humor
Duszę co usycha bez muzki swej
Broniąc się, ratując, jedząc rajski owoc
Grzechu się pozbyła dla dobroci swej
　Dajże siło wielka tej krainie życia
Urok który płynie jak tęczowy bieg
Z rozkoszą obyta po tym co najlepsze
Radując się wielce mknij jak słońca bieg
　Biegnij duszo młoda do krainy życia
W której się nie nudzisz, nie płaczesz, nie drżysz
Tylko żyjesz blaskiem i dobrocią światła
Nie znasz co to smutek oraz deszczu zgrzyt
　Deszcz tu nie zawitał, mgła nie pochłonęła
A o nudzie nigdy nikt nie słyszał tu
Poprzez blask jaskrawy i gwieździste niebo
Chciej by Twoja dusza zawsze przyszła tu.

Nienawiść

Jest bardzo dużo ludzi którzy nienawidzą
Tak długo...
Iż zatracili poczucie czasu oraz sens
Tyle zmarnowanej energii...
Tylko po to
Aby dokonać samozniszczenia w przyszłości

Nienawiść jest silna
Prawie tak jak miłość
Jej kosztowność ma odzwierciedlenie w życiu
Kopiąc pod sobą dół rozpaczy
Kwitnie tam...
Niczym żałość w sercu

Obsesja jest pusta i głucha
Nie potrafi powstrzymać się z uczuciem
Jej przyjemnością jest zadanie bólu
Najczęściej bardzo znanej jej osobie
Pojęcie zadania bólu jest bardzo stare
Ale czy warto zaprzątać tym swe życie?

Czy nie lepiej by było
Podać rękę drugiej osobie
Popatrzeć w oczy z miłością
Zrozumieć...
Jeżeli każdy zrozumie i wybaczy
Jasność ogarnie ziemię i otuli ludzi.

Żyję!

Ulepiona zostałam przez miłość
Rzucona w piękno wiecznej radości i śpiewu
Dlaczego kocham?
Myślę i żyję radością?
Dla ludzi, kwiatów i wiecznego wdzięku
Pragnę miłości – nie umiem wołać
Pragne radości – coś trzyma mą duszę
O jakże me serce woła do Ciebie
Ocal mnie, kochaj i bądź przy mnie
Nie odrzucaj mego ciepła, nie pytaj kim jestem
Moją duszą rządzi wiatr i powiew srebrzysty
Kochaj mnie miłością swoją bez żadnych zarzutów
Prowadź nocną gwiazdą w deszczowe złoto
Gra muzyka, dusza tańczy, przyśpiewują gwiazdy
To nie ważne kim Ty jesteś – dusza Twa bez zmazy.

Bojaźń

Czy wiesz jak wygląda strach który ogarnia człowieka?
To wielka duża chmura, która robi sie miękka

Schodzi z nieba w powolnych katuszach
Po to by zawładnąć strachem w ludzkich duszach

Po to by swym grzmieniem i wyglądem tężnym
Wchodzić popod skórę duszyczki niemężnej

Strach ma kolor ciemny, pobladły, deszczowy
Który błyszczy w mroku i skale wapniowej

Przechodzi przez serca i gnieździ się w umyśle
Władając umysłem bawi się przejrzyście

Naciska swym palcem na nasz czuły punkcik
Bawiąc się, igrasząc, myśli że Cię skusi

Strach lubi wystawiać nas na próbę swoją
Wie, że nieomylnie liczy się z osobą

Strach ma wielkie oczy, jeszcze większe skrzydła
Trzymaj się swej racji aby nie obrzydła

Czasem walczysz oschle z niezmiernym uporem
Odczuwajac wolność i schronienie swoje

Świat jest pełen dobra jeśli na to spojrzysz
Spróbuj oko zamknąć, może i strach zelżysz

Uczucie bojaźni ma nad nami władzę
Pytałeś „Dlaczego" ja nic nie oświadczę

Są na świecie ludzie, którzy się nie boją
Idą naprzód mężnie, lubią duszę swoją

Niezmierne pragnienia po deszczowej tęczy
Napełniają słabych, których strach zwycięży

Strach swój przezwycięży i zawładnie światem
Będzie żyć miłością ogarniętą blaskiem.

Nuda

Okropne to jest – głucha cisza i nuda
A co gorsze – lenistwo zawładnęło światem
Rządzi wszędzie gdzie popadnie
I jest bardzo śmiałe
Niegdyś była tu kraina wiecznych biegów z dobra
Teraz patrzysz, wierzyć nie chcesz
Nic się nie podoba
Nuda w kącie swym usiadła i straszliwie mruczy
Nie chciej zimna, nie chciej lodu
Zło cię zauroczy
Bóg jest dobry, Bóg jest wielki
Który daje rozum
Kochać, uczyć i zagłębiać nie dopuścić mrozu
Mróz straszliwym jest tyranem
Który kocha ciszę
Wkradł się szybko do komnaty
Wiatr go ukołysze
Tam gdzie nuda błyszczy ciszą
Życie płynie z wolna
Zaglądając do lusterka – nuda jest szalona
Im szaleńsza tym jest ciszej
Wiatr pogłębia mgiełką
Chciałbyś zasnąć lecz nie możesz
Przez różowe szkiełko
Z nudą w parze idzie kolor
Jest to kolor szary

Jeśli chcesz, to przezwyciężysz – użyj magii wiary
Wiary, która Cię zaniesie na przecudną łąkę
Tam nazbierasz i przytulisz
Radosną wiązankę.

Zdrada

Żałość serce ściska
Ręce kruszą rany
Zdradził mnie mój chłopak
Chłopak ukochany
Dałam ja mu serce
Dałam ja mu duszę
Chociaż nie chciał tyle
Dałam – cierpieć muszę
Teraz męki wodzą
Mnie po piekła ścieżkach
Chciałam być w Niebiosach
Lepiej głodną zostać
Głód miłości niósł mnie
Na swych wielkich szponach
Zaniósł mnie na szczyty
Puścił – lecę z wolna
Lecę ponad góry
Lecę ponad lasy
Szukam mej miłości
Znajdę? – może wtedy zasnę
Zasnę snem spokojnym
Zasnę już na wieki
Lepiej czasem umrzeć
Dla miłości wielkiej.

Dlaczego?

Dlaczego płaczesz-
Czy ktoś Cie nie kocha?
Dlaczego milczysz-
Jak ciężka jest Twa trwoga?
Skąd łzy w twoich oczach-
Czy dusza Twa cierpi?
Skąd smutek zgłębiony-
Z rozpaczy nie wyglądaj śmierci!
Skąd rany w Twoim sercu-
Czy życie jest za ciężkie?
Skąd ta bojaźń wielka-
Przejdź przez życie mężnie!
Smutek z żalem się złączą
I wytworzą siłę
Ty pozostań wierny
Wzbogać duszę swoją
Wzbogać łaską istnienia
Darem męstwa i światła
By móc pokonać ciemności
Wyuzdane przez grzech tego świata.

Zrozum Ją

Kochasz ją?
– mówisz że tak
Ale czy rozumiesz jej duszę?
– mówisz że zawsze
A tak naprawdę co czujesz gdy bierzesz ją w swoje ramiona?
Ciepła, miłości i zrozumienia jej dusza jest spragniona
Po to by Cię kochać mogła zawsze
Chciej ją zrozumieć
– jej serduszko małe
Które dla wszystkich stara sie być otwarte, dobre i stałe
Kochać, czynić dobro, marzyć i śpiewać pragnie
Zrozum ją
– chociaż się postaraj
Bądź przy niej gdy Cię potrzebuje
Nie odrzucaj jej i nie bądź obojętny
To jest najgorsze ze wsystkich uczuć jakie możesz dać
Lecz dajesz...
Dlaczego jesteś taki?
– czym zawiniła, powiedz
Może potrafi naprawić to za co ją karzesz...
– tylko powiedz
Uświadom jej duszę zdławioną, bojącą sie głosu Twojego
By mogła zadowolić miłością, tańcem i śpiewem wybranka swego
Często dwie dusze zbieżne rozchodzą się mimo woli
Czyj błąd, czyja miłość jest słaba i przez nią serce boli
Miłość jest uczuciem mocnym i idzie w parze ze śpiewem

Kto kocha miłością czystą nie bawi się szlochem i gniewem
Miłość rani, boli i kłuje najbardziej bliską istotę
Po to by widzieć jak cierpi i wpada w wielką tęsknotę
Co daje wieczna udręka?
- poczucie strachu i złości!
Gdy bawisz się tylko uczuciem i grasz miłością jak w kości
Gdy dobry humor ci sprzyja
 — to kochasz nawet zawzięcie
Gdy widzisz chmurę nad sobą to myślisz...
 — niech i ona coś z tego weźmie
Kiedy burza w twych zmysłach się rządzi
 — nie lubisz być sam z tym uczuciem
I ciągniesz niewinnie duszyczkę, i pragniesz od tego uciec
Uciec daleko przez kwiaty, przez bukiet różowy, pachnący
By zaznać spokoju własnego...
- kosztem drugiej osoby
To boli niezmiernie, aż rwie wszystko w środku!
Podziel się, nie uciekaj, nie odpychaj swej kochanki
Nie zadawaj bólu, bo różne na koniec są tego przypadki.

Pożądanie

Chciałbyś popatrzeć mi w oczy – chciałbyś
I pogłębić swe uczucie na wieki
Chciałbyś dotknąć mego głosu lecz się boisz
Lęk Twój chroni Cię przed sercem Twym miękkim
Chciałbyś dotknąć mej twarzy i pogładzić
Czule szeptać, że jestem jedyna
Chciałbyś poczuć mój zapach konwalii
Który Cię zrywa ze snu niczym bogini tajemna
Chciałbyś dotknąć mych włosow złocistych
Co są zwiewne i piękne jak jedwab
Chciałbyś mieć je przy sobie na zawsze
Lecz nie możesz, rad tego czy nie rad
Chciałbyś dotknąć mych ust spragnionych
I skosztować niewinnej słodyczy
Chciałbyś całować me ciało rozpalone
Wtopić sie w rozkosz i grzech co Cię męczy
Chciałbyś tańczyć w rytm muzyki miłosnej
I myślami być ze mna w rozkoszy
Chciałbyś tulić mnie pieśnią powabną
Przemoc lęku i strachu katusze
Chciałbyś trzymać mnie w ramionach przez wieki
I pożądać miłości spragnionej
Chciałbyś wtulić swą twarz w moje włosy
I napajać sie uczuciem szalonym
Chciałbyś marzenia swe dzielić wraz ze mna
Ty wiesz, ze mam serce otwarte

Chciałbyś mi wyznać swój sekret najgłębszy
Mówisz, że życie bezemnie nie warte
  Chciałbyś mi dać swoje szczęście na zawsze
I kąpać się w blasku rozkoszy
  Chciałbyś me ciało dotykać księżycem
Wiedząc że byłeś i jesteś mój pierwszy
  Chciałbyś ocalić swą duszę przed męką
Twa miłość do mnie jest silna jak życie
  Chciałbyś podzielić się tym z całym światem
Kochać, pieścić i marzyć zażycie
  Chciałbyś patrzeć w me oczy zielone
I zobaczyć w nich wspólną przyszłość
  Chciałbyś sie wtulić w me ciało rozpalone
I usłyszeć „Jakże piękna jest nasza miłość".

Twój dokyk

Twój dotyk jest jak wiosenny wiatr
Wypełniony delikatnością, muzyką i pasją
Wędrujący przez tęczowy las
Dzielący się nadzieją i dobrocią

Twój dotyk jest jak jaskrawość
Tańcząca w środku nocy
Lśniąc otula mą duszę
Wiedząc że mnie zauroczy

Twój dotyk jest jak spadająca gwiazda
Penetrująca lśniące niebo
Po to aby upaść u mych stóp
Dopilnować aby się moje marzenie spełniło

Twój dotyk jest jak Niebiosa
Jest otwarty, ciepły i przyjemny
Oświetlający Twoją drogę do mnie
Namiętnie łaknący mej duszy jedynej

Twój dotyk jest jak sen
Już nie chcę się nigdy obudzić
To piękno i złociste ciepło
Zjednoczy nasze serca i dusze.

Miłość w Ramionach Twoich

Czymże jest miłość w ramionach Twoich, które są zawsze otwarte?
Czymże jest piękno i blask oczu Twoich, gdy patrzą na mnie pobladłe?
Czymże jest serce, którym mnie kochasz i cenisz szczerze me życie?
Czymże jest spokój którego wypełnia duszy Twej piękne oblicze?
Marzenia noszą ludzi na skrzydłach dodając więcej odwagi
Ty patrzysz na mnie ukojnym wzrokiem nie znosząc z ust Twych powagi
Gwiaździate niebo w noc majową okrywa czule kochanków
Pieszcząc ich czule i kojąc niezmiernie pozwala na wicie wianków
Pieścił nas księżyc, słońce nas grzało a wiatr swym ciepłem otulał
I przeniósł nas do krainy piękna dając nam miłość w zamian
Dał Tobie spokój którego chciałeś i duszy Twojej roztropność
Byś mógł swym dobrem i piękna blaskiem rozjaśnić nawet i ciemność
Słońce nam dało tęczowy kolor i urok naszej miłości
Po to by błyszczeć i lśnić kolorowo z miłością do naszej starości
Wietrzyk otulił nas aby zmazać niepewność w naszych sercach
Abym wierzyła ja Tobie – Ty mnie, byśmy nie żyli w stresach
Dałeś mi miłość swoja, spokojną nie patrząc na swe serce
Kochasz mnie mocno i wierzysz we mnie – wiesz że wykorzystać Cię nie
chcę
Los swój nas złączył, chyba na zawsze, zdobiąc nas pięknym darem
Oprócz miłosci dał nam potomstwo, piękne i z życia czarem
Miłość jest piękna gdy jest dzielona, odwzajemniona szczerze
Jeszcze piękniejsza gdy powielona - wtedy trwa szczęście na zawsze
Lecz samo szczęście nie będzie szczęściem gdy nie dbasz o nie zbyt wiele
Szczęście ucieknie – by tak nie było – musisz go pielęgnować stale
Kochać miłością czystą i piękną, być szczerym oraz spragnionym
I dawać z siebie tyle co trzeba – niedopuścić do głosu zawiedzionym.

Żądza Miłości

Otwórz serce dla innych - daj drugiemu siebie
Zdobądź szczyty znamienne - pokaż gwiazdy na niebie
Czuj jej miłość spragnioną - Twego serca wielkiego
Jakoż by tylko pragnęła - Twego ciała miłego
Miłość płonie w orszakach - serce wzdryga się wiernie
Oczy patrzą ku niebu - myśląc o Tobie nezmiernie
Namiętność kruszy lodowce - bez większego strapienia
Żądze ciałem kierują - dla Twej duszy zbawienia
Daj drugiemu wolność - jabyś nigdy jej nie miał
Ześlij siły trzech mocy - zyskane w chwilach splotu ciał
Kochaj jakbyś nigdy nie kochał - kochaj duszą i ciałem
Kochaj miłością szczerą - sercem wielkim i małym
Zostaw smutki za oknem - niechciej licha złego
Wyduś dobro z siebie - dla męki wroga Twego
Czuj całym ciałem miłość - dbaj o jej wszelkie dobro
Niechciej by kiedyś umarła - niosąc za sobą ból, smutek i żal.

Przebaczenie

Czy jesteś zdolna przebaczyć komuś...
Kto wyciskał łzy z oczu twoich
Z myślą aby cię jak najmocniej zranić?
Tylko po to że on cię kocha
Czy jesteś zdolna przebaczyć komuś...
Kto kłamał po to aby zdobyć twe zaufanie?
Grą kolorów malował świat
Abyś widziała ten jego sens
Czy jesteś zdolna przebaczyć komuś...
Co w zazdrości przyprawił cię o łzy?
I wbijał nóż w twoje serce z nadzieją
Że poczujesz jego ostry lęk
Czy jesteś zdolna przebaczyć komuś...
Kto cię męczył w snach co noc?
Był tuż obok, po to aby widzieć
Twoją twarz, gdyż był stęskniony
Czy jesteś zdolna zaufać na nowo komuś...
Kto nie wierzył zupełnie w miłość twą?
Chcąc dowodów na to że go kochasz
Był wszędzie i zawsze tam gdzie ty
Czy przebaczysz mu dzisiaj za wszystoko
Za twe łzy i za deszcz w twoim dniu?
On już nigdy nie będzie wątpił w miłość
Odtąd pójdziesz drogą usłaną pełnią róż.

Nieosiągalny

Jak Cię można osiągnąć chociaż jesteś tak blisko
Jak się można przytulić gdy schylasz głowę swą nisko

Patrzysz czule swym wzrokiem jakbyś patrzył nie na mnie
Jesteś w myślach obłokiem, chmurką miękką też dla mnie

Ten Twój dotyk bez ciała jest jak róża bezwonna, która kwitnie tylko raz
Modlę się do Boga byś mnie dotkną chociaż ten jeden jedyny raz

I położył swoje ręce na mych złotych włosach
Wziął mą twarz w swoje ramiona i przytulił w zorzach

Patrzył w oczy moje czule i z wdziękiem wspaniałym
Kojąc mnie swych oczu blaskiem, upojeniem stałym

I całował mnie leciutko, delikatnie z gracją
Abym w swej fantazji była najlepszą kreacją

Kimś kto piękny jest na wieki, patrząc prosto w serce
Kimś kto będzie kiedyś wielki, głaskał będzie szczęście

I całował mnie namiętnie, wzmagał bicie serca
Abym czuła się kobietą, jak ma tajemnica

I dotykał mego ciała z ciepłem dłoni szorstkich
I pobudzał mą namiętność do mych granic Boskich

Kochał mnie swym ciała żarem z największym oddaniem
Abym czuła w każdym krańcu ciała mego zamęt

I wpadała w wielką rozkosz zmysłów wszystkich swoich
I pragnęła Ciebie kochać po krańce dni moich

Chciała bym być Twoim życiem, być Twą tajemnicą
Którą strzeżesz bardzo pilnie niczym jest dziewicą

Jest oddaniem Twoim stałym bez krańcowej śmierci
Jest oddechem Twoim ciągłym który łączy szczęście

Który łączy także dusze które są dla siebie
Pokochałeś moje ciało – zaraz będziesz w niebie

Pokochałeś moją duszę, która kwitnie różą
Będziesz cieszył się żywotem, drogą bardzo długą

Życie przejdzie niczym gwiazda, która jest na niebie
Która świeci swoim blaskiem jest odbiciem Ciebie

Całe ciało się raduje, gdy mnie kochasz czule
Kiedy pieścisz moje ciało, dusza się raduje

Kiedy pieścisz moją duszę swoim ciepłym słowem
Wtedy wszystko jest realne, posłodzone miodem

Proszę Boga w każdą chwilę mego życia brzasku
By otworzył twoje oczy dla miłości blasku.

Ileż można czekać?

Ileż można czekać na kogoś – kogo nie ma?
I nocami wędrować w przestworzach
Ileż można spoglądać w kalendarz – z nadzieją?
Że Cię znajdę i zostaniesz już na zawsze w mych zorzach

Ileż mozna marzyć – tego nie wie nikt!
Każdy szuka otuchy dla siebie
Ileż można błagać los – by uśmiechną się?
I pozwolił mi się poczuć jak w niebie

Ileż można błądzić między ludźmi – no ileż?
I uśmiechy daremne kojarzyć
Ileż można przyglądać sie twarzom – szczęśliwym?
Usiąść, popatrzeć i marzyć

Ileż można udawać szczęśliwca – to meczy!
Pokazując swój uśmiech na przynętę
Ileż można wyciągać swe ręce – z nadzieją?
Marząc, by je ktoś ogrzał, gdyż są zmarznięte

Ileż można życ w cieniu drugiego – to boli!
I myślami być lepszym choć na chwilę
Ileż można być nikim – chociaż to kłamstwo!
Przebyć drogi życiowej swe mile

Ileż można znosić cierpienia w tajemnicy przed światem
I pogardy ludzkiej kosztować?
Ileż można kąpać swe serce w rozpaczy – rozdarte?
Proszac Boga, by zechciał je ktoś miłować

Ileż można życ strachem przed ludźmi – że zranią?
I uchodzić za istotę mizerną
Ileż mozna nadstawiać swe oblicze – przed „lepszym"?
Bojąc się ludzi, którzy mają twarz kamienną

Ileż można płakać do księżyca – do swej gwiazdy?
Całą noc przesiedzieć przy oknie
Ileż można traktować swe serce jak zabawkę?
Przecież dusza i serce do miłości płonie

Ileż można czekać na kogoś – kogo nie ma?
I nocami wędrować w przestworzach
Ileż można spoglądać w kaledarz – z nadzieją?
Że Cię znajdę i zostaniesz już na zawsze w mych zorzach.

Prawdziwy Przyjaciel

Podaj mi swoją rękę, pozwól mi z tobą iść
Podziel się ze mną swym bólem
Ulży – proszę, podaj mi swoją rękę
Nie ma powodu do samotności

Ja będę obecna przy twych ciężkich chwilach
Troszcząc się o to aby cię z rąk nie wypuścić
Będę trzymać twoją rękę tak mocno
Upewniając cię, że możesz na mnie liczyć

Moje ramiona będą otwarte dla ciebie
Nie pozwolę ci omdleć – utrzymam
Będę niosła cię w moim sercu
Dopilnuję abyś powstał

Przyjż i usiądź bliżej, podaj mi dłoń
Aczkolwiek, dzielony ból jest lżejszy
Twa dłoń jest wiotka i drżąca
Popatrz... moja jest przyjacielska i ciepła

Może tracisz nadzieję na przyszłość
Bądź cierpliwy, acz jutro może być piękne
Pozwól wierze wejść w twoją duszę
Ona oświetli twoją ciemną drogę

Może nie masz powodu do radości
Może każdy dzień jest straszliwą męką
Zadręczając się tracisz nadzieję
Na odrodzenie i na nowe życie

Może dla ciebie słońce już zaszło
Na teraz, lecz poczekaj...
Ja się postaram ocieplić twe życie
Nawet zimą ty poczujesz schronienie

Myślisz, dlaczego życie jest takie ciężkie
Dzień dzisiejszy ma mnustwo twarzy
Męka nigdy nie płowieje
Lecz uczy nas gorzkiej prawdy

Ty wiesz że nic nie jest bez przyczyny
Każda troska, łza i uśmiech
Ja zostanę przy tobie na zawsze
Nie opuszczę cie gdy jesteś w potrzebie.

Poezja

Piękno zawarte w słowie potrafi otulić duszę
Karmiąc ją barwą szczęścia
 Szczęście dotyka głosu oraz myśli tajemnych
Ukrytych w głębi serca
 Serce rządzi miłością namiętną
Dając drogę wolności uczuciom o brzasku
 Uczuciom tak odrębnym i tak bliskim
Kosztując przy tym magii czasu
 Czas pieści tęsknoty urocze swą władzą
Pozwalając na odrobinę nadziei
 Nadziei która ogarniając cały świat
Rozdaje łzy radości i uśmiechy
 Uśmiech niesie tajemnicę istnienia w miłości
Dając ciepło i wszechmocną siłę
 Siła niesie człowieka przez życie
Nie pozwalając mu się stoczyć w przepaść i mgłę
 Przepaść jest niezaspokojona oraz głodna ludzkich dusz
Tylko po to aby je srodze zranić
 Zranionej duszy trudno jest pokazać piękno
Gdyż pochłonęła ją siła chłodu i nocy
 Nocy płaczącej aby odzyskać swe gwiazdy
Co ją niegdyś przyozdabiały i dawały ukojenie
 Ukojenie w mroku, przeprowadzenie przez most do dnia
Który widzi wszystko i pogramia strach
 Strach nigdy nie będzie równy ciepłu ani miłości
Jest niczym niechciany chwast, wyrwany z boku róży

Róża jest symbolem miłości i ukojenia
Dodająca odwagi, siły i odrobię szczęścia
Szczęścia które stoi tuż obok
Wystarczy otworzyć serce i podać rękę
Rękę która często ratuje życie drugiego człowieka
Nie chcąc nic w zamian – tylko uśmiech.

Abstrakcja

Abstrakcją jest barwa duszy
Jest promieniem słońca i ucieczką mroku
Która bierze sedno w swoje własne ręce
Po to by malować duszą pokój
Pokój łaską ogarniony
Szczerze barwą ozłocony i pachnący miętą
Kiedy patrzysz w lustro swego życia
Kiedy bierzesz książkę w swoje ręce
Wtedy widzisz...
Widzisz jakie barwne jest Twoje oblicze
Czerwień krwista się gromadzi u boku Twej żądzy
Pochłaniając cały rozum - ciało dzisiaj rządzi
Ciałem rządzą barwy żywe, ostre oraz miękkie
Które kuszą namiętnością, powabem i wdziękiem
Dusza jest wiecznie młoda
Jak tęcza po deszczu na niebie
Popatrz we mnie, i co widzisz?
Widzisz to co Ty chcesz zobaczyć!
Chcesz zobaczyć miłość – od razu ją znajdujesz
Szukasz mej zazdrości – widzisz ją bez trudu
Chcesz zobaczyć zdradę – zdradę, która nie kosztuje nic
Widzisz moją dobroć – cały czas tu była
Zło wplątane w mękę – uwierz mi, daj mi dobrej rady
I anielskie serce – które kocha miłością czystą
Abstrakcją jest barwa duszy
Każdy widzi inaczej ten sam cień

Każdy odbiera inaczej przepiękną pogodę słoneczną
Każdy ma inną skalę dobra, światła i sumienia
Bawiąc sie grą kolorów uczysz się, kochasz i zmieniasz.

W Góralskim Stroju

Przedmowa

Moja rodzinna miejscowość to przepiękne Murzasichle znajdujące się u podnóża Tatr, tuż obok słynnego Zakopanego. Tradycja i filozofia tej miejscowości jest równie odrębna jak jej nazwa. Jest to malowniczy region do którego zjeżdżają ludzie z różnych stron świat po to, aby napajać się pięknem zakątku oraz twórczością Górali.

Mogę z dumą oświadczyć iż szczycę się z mojego pochodzenia.

Moje wiersze są pisane z myślą aby otulić drugiego uśmiechem lub skłonić do rozważań. Trochę na wesoło, troszkę zaczerpniętej filozofii pozwala na odrobinę zadumy. Życie mamy jedno — szanujmy samych siebie oraz bliźnich, wytrwajmy w wierze i w miłości, przebaczajmy, podajmy ręce potrzebującym, bądźmy godni nazywania się ludźmi.

Anna Maria Stokłosa

Tynsknota

Tynsknota za Górami w łobcym kraju prześladujy
Jo siy modlym pociórkami, ftej to tys siy lepiyj cujym

Góry nase Góry, piykne i wysokiy
Dotknońć ik ni mogem, ba w sercu głymbokiy

Góry – wyściy piykne, a straśniy dalyko
Za lasem, za wodom i za wielkom rzekom

Fciała byk jo przeciy mieć w zasiyngu rynki
Straśniyk jest dalyko i przezywom mynki

Myncy mnie tynsknota do mojygo ludu
Posła byk do lasa, dopatrzała cudu

Cudem jest tys Boskim – to ze my zyjymy
Ze na świat patrzymy Górami piyknymi

Patrzymy na lasy zielyniućkiy straśniy
Razem se chodzimy, coby było raźniyj

Piykne Góry straśniy i Doliny nase
Z ciupazeckom w gorści chodzom se juhasi

Chodzom se tys piykniy po wiyrsyckak swoik
Chodzom straśniy drycniy dlo radości moik

Cobyk mogła patrzyć, ciesyć siy łocami
Cobyk podziwiała, nie spała nocami

Coby ftej co słonko nad ranem wychodzi
Wygnali łowiycki i przyśli do ludzi

Przyśli ze zindycom, z łoscypeckiem biołym
Co wyj jest uciychom, ne i zyciym całym

Łoni to po Holak chodzom wyj ło świciy
Pilnujom tys lasu łod złodziyji skryciy

Coby las był piykny, a Góry skaliste
Coby zachodziyło słonecko złociste

Coby ludziy mieli z Gór strasnom uciyche
Coby byli dumni ze zyjom za Siychłom

Jo wyj za wodami, tynsnkniym straśniy, srodze
Do tyk Gór skalistyk co ni majom miedze

Do tyk Gór przepiyknyk co som łośniezone
Do tyk scytow nasyk co som łolodzone

Tynskniym jo i myślym w kozdom noc jedynom
Za Górami telo i za wsiom przepiyknom – Murzasichlem.

Głód

Cosi mi przeskodzo, cosik denerwujy
Chodzem po chałupiy, głód w zołondku cujym

Ścisko straśniy wnyntrze, zaroz chyba umrem
Mdli mnie i zatyko, ledwo idem, cudem

Głód łokropny przeciy, wzion miy nie na żarty
Trza do gorka zajrzyć, dyć trza – naraty

Zajadłak se troche chleba ze spyreckom
W brzuchu cujym niebo, teroz to nie syćko

Głód siy przenios kajsi, teroz koło serca
Ścisko i łobłapio, miary ni mo psikrwia

Cliwo straśniy dusy ftoro sama siedzi
Jak pokutnik niecny we worku na miedzy

Dusa straśniy sama, aly nie do rady
Być z Matkom i Łojcem, teroz kiy som sami

Głodno dusa ciepła, rodzinnego gniozda
Nedyć nie wywieźli, aly sama posła

Posła sukać grosa, coby lepiyj było
Z dala łod chałupy, z pocontku wyj miyło

Głodno dusa zolym napojyła serce
Kiedy uwidziała kochanecka zdjynciy

Serce głodne straśniy dlo miłości swojyj
Kochanecek ceko i zdjynciy całujy

Tys mu cliwo przeciys, aly to nie łatwe
Jechać hyj za wode kiedy łojce stare

Straśniy łocy głodne som uwidziyć chłopca
Całom noc siy patrzom ani do łobrozka

Patrzom siy do łokna, do tyj gwiozdy piyknyj
Ftoro mrugo cysto na niebiy łostygłym

Dziywce mrugniy gwiozdce a gwiozdecka chłopcu
Nakormiyła serce na tom jednom nocke.

Bioło Zima

Biolusiyńko straśniy na tym Boskim Świeciy
Zimno, wiater ducho, śniezycki przyniesiy
Drzewa stojom nagiy – je, ubrane przeciy
W biolusiyńkom sukniy, ze śniegu na wietrze

Kozdo chałupa bioło, ino dymek marny
Z komina uchodzi, ciynki aly śwarny
Łokna zaśniezone bo i wiater dujy
Piykniy, biołym śniegiem po sybeckak sujy

Drzwi zaduło straśniy, zakurzyło przeciy
Aly ni mozemy myśleć tak jak w leciy
Kajtek dzisiok w budziy ledwo wypatrzujy
Nos wystawiył w poly, aly go łosujy

Syćko siedzi w izbiy, przy piecu siy grzejy
A na polu tońcy wiaterek i wiejy
Zaduł droge do izby, ku chałupiy nasyj
Trza bedziy łodkidać śniyg ku drodze wasyj

Piykniy śniyzek kurzy, taki biolusiyńki
Tak jak suknia ślubno tyj nasyj paniynki
Bioły śniyzek w polak, bioły koło lasu
Yj, ciynko wyj bedziy iść hań do Upłazu

Biolusiyńko w lesiy, a jedlicki stojom

Śmiejom siy do nieba, śniega siy nie bojom
Mech, biydok, skurcony aly maliniocek
Szronem łolodzony, piykny jak potocek

A potocek zamorz w tyn bieluśkom zime
Łodpocywo troche, cyści wode piylniy
A polana w lesiy, piykno jako w bajce
Wyrzeźbione krzocki, gałązki i kolce

Kozdy krzocek przeciy trzynsiy siy ze zimna
Bozia pomyślała, śniyzkiem go łokryła
Pnioki siy schowały pod kołderke śniyznom
Dały tys schroniyniy i wilkom co wyjom

Troske wysyj w drzewiy dziora jest nieduzo
Nei wiewiorecki schować tys siy musom
Zmarzniynte sarynki goniom za trowusiom
Znalazły sianecko, ka leśny posypoł

Syćko jest zmarzniynte w piyknom zime, biołom
Ino dzieci patrzom kiedy w poly pudom
Łony chań nie zmarzły, kiedy siy tulały
Po śniegu biolućkim bałwanka lypiyły

A jo zaś nojwolym siedziyć w ciepłyj izbiy
Łotulić siy kocem, przy łokniy gwieździstym
Patrzem ftedy w niebo, jako piykniy kurzy
Licem śniyzki ftore spadujom w tyj burzy

Siedzem nei myślym – telo piykno zima
Nawet w bajce przeciy telo piyknyj ni ma.

Cud Boski

Straśniy piykne słonko, trowa zieleniućko
Chodzi po łoborze mrowecka malućko

Drzewa som liściaste i wiaterek dujy
Pscoły sąsiadowe som na polu w roju

W potoku przejrzystym widać skole corne
Ryby w nim pływajom, fcaly i nie marne

A trowa zielono rose pijy swojom
Pscoły wyj w robociy nawet siy wyj dwojom

Kwiotki zapylajom i do ula lecom
Wilkowi wyj w lesiy swojy dzieci płacom

Dziura piykno w drzewiy, straśniy sucho tamok
Wiewiorecki posły po łorzesek na ząb

Wiater dujy piykniy przez jedlicki małe
Ptoski se ćwiyrkajom i furgajom same

A paprotka leśno, zielyniućko straśniy
Chowajom siy lisy kiedy idom na wieś

Grzyby wyj urosły pod drzewem liściastym
Chodzi juz po lesiy mały i iglasty

Wiater zaduł krzokiem ka maliny rosnom
Kozice po holak dumniy wyj siy nosom

Borówecki corne rosnom w nasym lesiy
Tamok przez polane sarynka siy niesiy

Piykne góry stojom dumniy ponad nami
Jastrzymbia fruwajom swojymi skrzydłami

Piykno wyj przyroda co z niyj korzystomy
Bóg jom namalowoł, doł ludziom w łobrone

Coby ludziy strzegli piykna i bogactwa
Zwierzyncio, potoka, zielonego lasa.

Prawo Boskiy

Bóg nos stworzył piyknyk, doł nom wolnom woly
Pedzioł nom co robić, kany ciskać skoly
Doł nom wybor w syćkim i postawiył jasno
Kozoł nom sanować, nedyć Matke nasom

Doł nom przykozaniy coby my wiedziyli
Jako zyć na wieki dzieciątkom radziyli
Bóg pedzioł ze Łon jest jeden ino przeciy
Ni ma wiyncyj Bogów jako Łon na świeciy

Kozoł wyj sanować totom ino prowde
Jak godos ło Bogu, patrz na swojom mowe
Cobyś wyj nie godoł na daremno telo
Bo siy wyj Janiyli w Niebiy przeciy schylom

Bóg nom doł wyj zdrowiy, doł nom siylne rynce
Kozoł robić ciynsko coby przezyć nyndze
Kozoł robić w tyźniu łod rania do nocy
Robić godniy z Bogiem, to dodo wyj mocy

Kozoł tys łoddychać coby my nie zdarli
Ftorzy chorowali, no to juz pomarli
Niedziyla łod tego coby podzinkować
Ze Bóg doł nom siyłe, pozwolył pracować

Trza mu podziynkować i łoddać honory
Jak myślis ło Bogu, łon weźniy w łobrone
Niedziyla łod tego coby legnońć troske
Zabocyć ło tyźniu co my darli rose

Trza wyj nabrać siyły coby mieć na nowo
Przy robociy wsyndyj zwijać siy wyj równo
A jak wyj juz robis, no to wyj uczciwiy
Bóg nos łobdarowoł, aly nie lyniwiył

Doł nom dary rozne, kozdemu wyj inne
Coby wyj pomogać jak przydziy – uczciwiy
Uczciwość, robota, powinny iść w porze
Ukradniys wyj dzisiok, no to wyj zachorzes

A chorości rozne łapiom siy cłowiyka
Moze noga bolyć a moze i rynka
Casem dusa choro gorzyj wyj łod ciała
Wróciła by casy coby wyj ni miała

Lepiyj ni mieć tego na cos nos tys nie stać
Nie bedziy bolało jak przydziy wyj łoddać
Bo my ino ludziy, wartko siy mylimy
Casem wyj nie worce puścić siy w maliny

Sąsiadowe lepse, co my momy swojy
W łogrodku paradnym grzebiom kury twojy
Łogrodek sąsiada aly mi siy widzi
Piykniyjsy jak jo mom – trza mu wrucić śmieci

Coby łon tys ni mioł i w łocy nie kuło
Śmieci som wyj haniok, aly wiater duchoł
Piykny łogrodecek, a baba wyj lepso
Coby to tys zrobiył by przysła pod wiecor

Baba piykno straśniy i zaradno telo
W kościyly godajom – ty patrzoj na swojom
Nie patrzoj za cudzom, coby nawet złoto
To wyj baba cudzo – Bóg stworzył jom po to

Po to coby była, coby wyj robiyła
W łogrodecku piykniy kwiotki wyplewiyła
A jak ci siy widzi jako to wyj majom
Weź siy do roboty, Janioły pognajom

Skodzimy se sami, bo my fcemy wiyncyj
Aly jak juz momy – pływomy wyj w mynce
Casem myncy wyj ciało a casem i dusa
Ni ma wyj jako to – casem gorso, aly nasa

Bóg jest mondry straśniy i wiy co wyj godo
Doł nom przykozynio dlo nasyj wygody
Coby my wyj mieli z Jego wyj mondrości
By my nie musieli patrzyć na bolyści

Mondry tyn co wierzy i nie suko zwady
Ftedy łon bogaty aly nie na żarty
Suko wyj tys Boga w swojyj dusy piyknyj
Moze w nocy chodzić po drodze wyj kryntyj

Bóg go wyj prowadzi, za rynke, za swojom
Nie potkniy siy w nocy, chocioz idziy skolom
Bóg nom pedzioł wierzyć aly doł nom wybór
Byś ło cystyj dusy do ślubu siy wybroł

Bo w kościyly przeciy widzom twojom duse
Dziś ześ se zaszaloł – a jutro katusze
Bóg pedzioł – być cystym – ze to wielko cnota
Nie trza bedziy cekać, ba łotworzom wrota

I pudziys w honorak, tamok kany piykniy
Z Pietrem wyj ze Świyntym w bramiy przerośniynte
Przerośniynte piyknem, cystościom wyj serca
Jest to wyj marzyniym kozdego cłowiyka

Bóg powiydzioł – sanuj – matke ne i łojca
Bo Jezus wyj poseł za nos do Łogrojca
Tam wyj ciyrpioł telo co my sićka wiymy
Słuchoł Łojca, Matki, a my dziś zyjymy

Łon nom pedzioł – kochoj – bo ci zyciy dali
Łod małego przeciy wypielyngnowali
Kozdo matka z łojcem fce dobrze dlo dziecka
Piykno to wyj przeciy zyciowo wyciycka

Bóg pedzioł – zyj dobrze, aly nie zabijoj
Lepiyj puść muzyke, nogami wywijoj
Zabić mozno różniy, nie ino wyj nozem
Jak ludziy wyj chorzy bawiom siy powrozem

To śmieszcz straśniy wartko kiy nozem wyj zadźgos
Jak zabijys duse, pokute se wyproś
Fto zabijo duse w drugim wyj cłowiyku
Bóg mu ftej pokoze nawet i bez lynku

Jaki tyn był cłowiyk, ło piyknyj wyj dusy
Kawoł chłopa casem diaboł wyj nie rusy
No to puściył ludzi coby wyj mu dali
Nic nie worces chłopce – palcem pokozali

Tyś jest wyj nie godny, nie worteś wyj chleba
Dokucali telo to go zjadła gleba
Zabiyła wyj chłopa co mioł piyknom duse
Nie fcioł iść do karcmy ba wybroł katusze

W karcmiy gwarno było no to chłopy piyli
Miarkowali kany zysk by dzisiok mieli
A jak wyj łomijos kolygow i karcme
To ci wyj pokozom kany siyły mocne

Bóg pedzioł nie godoj, jako wyj nie prowda
Bo mozes drugiymu zamknońć haniok wrota
Godoj zawse prowde bo łona siy wroci
Cobyj siy nie wstydziył przed światem w zołości

Bóg nos kocho straśniy i doł wolnom woly
Łod nos wyj zolyzy kany pudom skoly
Bóg pedzioł wyj telo – zeby zyć ło zgodziy
Z ludziami w chałupiy, na polu, w przyrodziy.

Nie Zyc Drugiymu Co Tobiy Niemiyłe

Bóg wyj przeciy piykny, miłosiyrny syndzia
Wysłoł wyj nos tutok z Niebiańskiygo Świecia
Doł nom duse jednom, doł nom wolnom woly
Pedzoł: „zyjciy grzecniy" na tym wyj padoly

Ludziy wyj tys zyli jako mogli, kany
No bo kozdy człowiyk charakter mo inny
Bóg nom pedzioł: „dziciy, ino źle wyj nie rob
Bo bedziys łodpłacoł za niescyńścia po grob"

Ludziy wyj ta ludziy nie myślom wyj duzo
Zeby mieli wiyncyj – casem diabłu słuzom
Casem ludziy idom tom drogom wyj na skroty
Bo siy wyj tys nie fce zabrać do roboty

A to prowda scero – zeby dobrze było
Musis patrzyć dalyj jako jutro było
Bóg nom pedzioł: „sanuj robote drugiygo"
Bo wyj siy łodwroci dlo straty twojygo

Sanuj i uwazuj zeby było dobrze
Zebyś wyj gromadziył Łaskawiyniy Boze
A jak wyj byś zycył źle wyj dzisiok komu
To siy wyj łodwroci kiy pudziys du domu

Bedziy wyj ftej rynka i złości bolały
Tyś wyruciył światu – łony siy wrociyły
Wrociyły siy przeciy, choćześ tego nie fcioł
Choćześ z przeklyństwami na innego nastoł

Wrociyły siy straśniy duze ne i mocne
Jaz bedziys przezywoł katusze wyj nocne
Złe zycyniy i nienawiść wracajom siy zawse
A Bóg pedzioł ze tak bedziy, bo zyciy wyj nase

Bóg nom doł miłości telo co wyj dlo kozdego
Bedziys dzielył siy miłościom to przezyjys długo
Za miłości ludziy płacom miłościom w potyndze
Jesce nifto siy ne skarzył na splamione serce

Dos wyj ciepła i miłości temu co ni majom
Z bica strzelył, tobiy dali, roz telo coś ty doł
Kiyby sićka siy kochali, byli cystyj dusy
Toby nifto nie docekoł piekielnyj katuszy

Jest to sprawa ciynsko – lepiyj godać jako robić
A jo godom wom wyj dzisiok, ze to siy łopłaci
Fces zjeść dobrze – trza uchować bycusia piyknego
Ino ty wiys co roboty trza włozyć wyj w niego

Fces mieć piykny łogrodecek z jarzynkom pochnoncom
Musis plewić go wyj za dnia i podlywać wodom
Fces wyj zeby twoja dziywka miała kawalyra
Musis ubrać jom i umyć, naucyć maniyrow

Jces mieć cosik z zycio tego, to wyj se zapracuj
Bo za darmo, za łynistwo nikt ci nie łobiyco
Trza wyj robić jak Bóg pedzioł, aly trza świyntować
Podziynkować Bogu scyrze, duse ofiarować

Bóg nom doł zyciy tutyjse, doł nom wolnom woly
Ne i kozoł nom wybiyrać miyndzy złem a dobrem
Pedzioł w złości wyj nie bedziys długo na tym świeciy
Twoja włosno siyła zemsty połkniy ciy w łodweciy

Bedziy wyj trzymała tobiy i myncyła straśniy
Bedziys piykniy wyj załowoł, a łona nie zagaśniy
Bóg nom nie doł złego zycio, ba siy kozoł ucyć
Jak nom fto krzywde wyj zrobi, to siy tamok wroci

Bóg nadstawiył wyj gymbusiy, jako wyj go biyli
Nie fcioł dać zła ba miłościom tamtego udzielył
Fto go biył, to wyj załowoł, po sićkiy wszechczasy
Bo siy wyj wrociyło haniok, tom złość co wypuściył

Trza miłościom patrzyć ludzkom przez duse cyściutkom
Trza siy bronić przed zagładom miłościom wyj ludzkom
Jak wyj dobro wyślys komu, łono siy wyj wroci
Spotyngujy siy strasecniy, dobrościom ugości.

Cnoty Boskiy

Idziymy wyj przez świat, ładniy siy śmiejymy
Jakiy zyciy ciynskiy – sprawy nie zdajymy
Idziymy wyj za dnia, w nocy co jy corno
Ciynsko wyj siy idziy przez to zyciy marne

Myślimy ze sami, a tu figa prowdy
Bóg nom doł Janioła dlo nasyj podpory
Kozdy mo Janioła ftory mu pomogo
Cyś wyj jest bogaty, cy straśniy ubogo

Janioł wyj nos wiedziy po tyk nasyk drogak
Aly jako my idziymy to zolyzy łod nos
Kozdy wyj mo duse ftoro umiy miyrzyć
Jako Bóg prowadzi, trza wyj jyj zawierzyć

Jest to sprawa ciynsko, no bo fto to widzioł
Jak jest biyda strasno, tyj siy w góry wybroł
Wybrołej siy w góry bo tak Janioł padoł
Nie było w tym synsu ino cucio nawoł

Po wyj chwili piyknyj, coj siy wyj dowiydzioł
Przyśli po ciy zboj, coś na piyńku hań mioł
Nie było ciy w doma, ani wyj koło ścion
Posełeś za sercem co ci Janioł pedzioł

Jest to wielko cnota coby wyj uwierzyć
Temu co Bóg godo – nigdy nie zawiedziy
Casem ciynsko straśniy, juz siy fce umiyrać
Drogom wyj skolistom nogami przebiyrać

Ciynsko straśniy casem, jaze siy juz widzi
To łostatni dzionek ftory przy nos siedzi
Casem człowiyk w dołku dusom ne i ciałem
Ni mo fto wyciągnońć ino pchajom na dół

Jest to strasno biyda kiedy sami swoi
Skolami wyj bijom do tyj dusy twojyj
Myślis ze jus koniyc, ze ni ma uciycki
Łod wielkiyj przepaści – zyciowyj wyciycki

Trza wyj mieć nadziyjy ze wyj dobrze bedziy
Bóg ciy nie zostawi samemu wyj w biydziy
Do ci wyj Janioła co mo biołom duse
Umiy dobrze radzić, łagodzi katusze

Nie zawse wyj mozes wypatrzyć kany jy
Trza łotworzyć serce na łościyrz wyj swojy
Trzeba zamknońć łocy, do Boga siy modłać
Wziońść siy za sumiyniy, grzechy porachować

A jak bedziys widzioł za cos wyj to ciyrpis
To łotworzys duse, straśniy siy uciesys
Bedziys widzioł ftedy ze sićko siy wyj wraco
Nie trza robić krzywdy, bo siy nie popłaco

Trza wyj być łotwartym na sićkiy wyj drogi
Trza pomoc drugiymu co wyj jy ubogi
Ubogiygo cłeka poznos nie po wiyrchu
Casem piykne strojy dodajom uroku

Temu co jy biydny aly w dusy swojyj
Nie kozdy bogaty mo wyj piykne strojy
Trza miłować swoik, cy jy biydny cy niy
Bo jak domy miłość – na wieki zyjymy

Bóg nom kozoł kochać syćkik rowno, przeciy
Cy majom gazdowke, cy som wyj na rynciy
Pedzioł nom: „ty miłuj, bo jo wos miłujym
Jo wyj sićkik ludzi w Niebiy potrzebujym”

Miłość wyj to wielko, nojpiykniyjso cnota
Łona wyj łotwiyro, hań do Nieba wrota
Łona ludzi łoncy i nadziyjy dajy
Jak wyj w niom uwierzys to pokoze raje

Bóg nos stworzył piyknyk, doł nom drugom duse
Coby raźniyj było, by my zyli dłuzyj
Zyli my w miłości, w pokorze z sumiyniym
Dlo dobra nasego Bóg nom doł schroniyniy

Doł nom wyj wskazowki, coby my wiedziyli
Jako zyć coby my do Nieba siy dostali
Fcioł coby my zyli z wiarom, nadziyjom w miłości
No bo nasa dusa przyńdziy do wiecności.

Nienawiści Łogiyń

Nienawiść bijy łod Janicka jaze strasny łogiyń
Smuga cyrwiyniuśko jest Janioła wrogiem
Smuga cyrwiyniuśko zasła ponad Hole
Ciesy siy, raduju, bijy serca dołem

Coroz corniyj wsyndyj, aly nie nojgorzyj
Cyrwono złośliwość tońcy w swym wigorze
Tońcy i przewraco Jaśkowym rozumem
A teroz zacyno rządzić se humorem

Siedzi w Jaśku psikrwia, siedzi cyrwiyniuśko
Kiy jom fce wydropać, staśniy jy malućko
Malusiyńko złostka siedzi w duzym ciely
Z konta do koncika łogonem se miely

Jak zaciyna w serce – ni mozno łoddychać
Jasiyk chodzi po izbiy, ino nogi słychać
Słychać straśniy kiyrpce, góralskiy z rzemykiem
Jak nie zatniy piyntom, przybrusi patykiem

Chodzi, zruco syćko, gorkiem bijy ło ziym
Stołki wykopyrtnon, ruso juz powrozem
Złość – psiodusa jedna, coroz wiynkso idziy
Chłopcysko tys nie wiy cy tys siy wylize

Straśniy piece Jaśka we wnuku – łokropniy
Pijy wode z wiadra, teroz jy markotny
Złość posła zaś do palcow co mo w duzyj rynce
Nie wiy cy wytrzymiy bolyści w tyj mynce

Myncy chłopa straśniy, mdli go łokropecniy
Zapłacom mu za to - jesce dzisiok - niecni
Zapłacom łokropniy, śtyry razy wiyncyj
Jak bedom spadować, nie bedziy im miynkcyj

Pozałujom psikrwiy, pozałujom zbójy
Jasiyk ik wyrowno zaroz z hańtym gnojym
Bedom woniać smrody, bedom woniać błoto
Za to ze wykradli Janickowi złoto

Za to ze wykradli – aly jesce gorzyj
Tacy to wyj zbójy, udajom ze w pokorze
Łobrobiyli Jaśka z piniyndzy, ze złota
Ftej co była wiyciy straśniy duzo psota

Kolydzy to byli, nojmilyjsi we wsi
Jesce wcora razem śturkali do pieśni
Aly Bóg to widzioł i Jaśka uchroniył
A bańdziorow niecnyk, dyscem ik poskromiył

Jest to strasno krzywda, jak ciy swoj zaskocy
Ftedy cało wieś go w potoku wymocy
Jaś jest dobry chłopiyc, sićka go sanujom
A sąsiady dzisiok straśniy go załujom

Skoda jest kiy ludziy zyjom tak fołsywiy
Udajom przed drugim ze zyjom uczciwiy
Uczciwiy na pozór, cobyś nic nie godoł
Jakbyś widzioł prowde łobloł byś siy wodom

Ludziy som pazerni, a nojgorsi swoi
Myślom ze Jasicek na piniondzak stoi
Myślom ze bogaty abo homorowy
Bo piykno kosula, kapelus gotowy

A Jasiyk robotny telo jaze raty
Jesce nie łodmowiył iść haniok na warty
Jesce nie łodmowiył nikomu pomocy
Jesce tys nie uzył przy ludziak przemocy

Straśniy grzecny przeciy, straśniy tys robotny
Jak mu krzywde zrobiom – straśniy jy markotny
Zmarkociyło mu siy kiy uwidzioł prowde
Co wyj ludziy robiom kiy łodwroci głowe

Jako śpekulujom coby ino było
Coby ino ukraść, coby lekko przysło
Jasiyk robi ciynsko, a tu ludziy kradnom
Patrzom ino kiedy kumora otwarto

Jasiyk tys nie głupi, pilnujy gazdowki
Łoni jak te lisy, po cichu, ukradkiem
A kie widzom Jaśka, no to ftedy, wiyciy
Łoddali by dzisiok za niego wyj zyciy

Dali by na pozor aby cudzom głowe
Coby swojom schować do drzewa jak sowe
Inacyj siy chłopcy ugodali sami
Inacyj przed Jaśkem, nedyć i przed nami

Łoni - chłopcy dobrzy, telo co uroki
Jakby siy wyj dało, ukradli by worki
Worki nawet puste, nedyć bo sprzedadzom
Nie łoni zrobiyli - potem siy wywadzom

Chłopcy zdolni przeciy do cygaństwa tego
Ftore im przyniesiy dobrości łod niego
Jasiyk, rzeke, myśloł ze chłopcyska dobrzy
Nawet im pomogoł kiedy byli chorzy

Pomogoł kiy zyciy było na nik ciynskiy
Nie patrzoł na skody, ze przynosom wiynkse
Byli to dlo Jasicka bardzo dobrzy chłopcy
Kiedy do roboty uchodziyli w nocy

Jasiyk gazda piykny z paradnioka sercem
Jak go nie pytali nigdy tamok nie sedł
Co se bedziy głowe zaprzontoł myślami
Chodziył ka go fcieli – wielki i paradny

A jak kiedy zesła na kolygow biyda
Wis, juz haniok idziy, nie boi siy bydła
No bo w Jaśku serce było jako w braciy
Nie scyńdziył siył swoik jak siy biyli bracia

Ino lecioł piyrsy, patrzoł ka trza pomoc
Do lasa, na poly, nie patrzoł ze jest noc
Jasiyk mo kulture – wychowaniy piyrse
Wartościom jest duzom wychowaniy wiynkse

W zyciu ni ma tak jak w bajce, casem jest tys gorzyj
Aly Jasiyk mo swom wartość, nie fcioł jyj tys zawiyść
Wiy ze prowda wyńdziy zawse, casem trza pocekać
Chonorowy Jasiyk nigdy nie musi uciykać

Myśloł ze kolydzy widzom takom samom gwiozde
Na niebiy przepiyknom, przy ksiynżycu zorze
Zorza była piykno, chłopcyska przystympne
Kozdy fcioł dlo siebiy to co wyj przyjymne

Jasiyk wyj ustąpiył a kolydzy nie fcom
Łoni siy z cłowiykiem, hyj nigdy nie licom
Myślom ze som lepsi, w piykniyjsym kozuchu
Jadom koniym po malućku, łoby tys ło zmroku

W nocy nik nie widzi ftory kradniy miedze
Kolydzy siy bojom bo ni majom wiedze
W nocy kozdy chłop taki som, w kufajce, w baciokak
Przy słonecku gymbe poznos, nawet haniok w krzokak

Chłopcy pośli w nocy cornyj przebrani za Jaśka
I łokradli pore chałup, kany siedzi Kaśka
Kaśka patrzy - dyć to Jasiyk - cos łon tamok robi
Po malućku, po cichućku psa duzego wobi

Pies przy nodze, to nie Jasiyk, ba kolydzy jego
Pore chałup łograbiyli przebrani za niego
Kaśka piykno dziywka, ło piykniyjsym sercu
Zawołała Jaśka maiła go w izbecce

Jasiyk patrzy na kolygow – kolydzy na niego
Pore chałup łograbiyli przebrani za niego
Dziś siy nie wytajom, bo wpadli w pułapke
Cało wieś bedziy widziała jako chodzom zadkiem

Kolydzy nojmilsi dupe by bośkali
Wyńdom na łobore to by jom łobdarli
Złodziyjy kolydzy - dlo nik to uciycha
Dać w dupe drugiymu - pedziyć ze mos pecha

Jasiyk złościom napawany, cyrwiyniuśki cały
Ino łocy zamknon troche, aly łon nie mały
Ik jest dwok a łon som, aly dobrze bedziy
Jak siy ik pozbyńdziy to siy mu powiydziy

Nik nie bedziy poza łocy cyganiył łokropniy
Bóg jest wielki, przenojświyntsy, Jaśka mo w łobroniy
Bóg mu pedzoł: „Ty siy nie boj moj Jasiu nojmilsy
Jutro bedziys widzioł syćko i bedziys nojwiynksy

Łoni bedom patrzyć ftedy na tobiy z ukłonem
Jak byś był tak straśniy wielki ani ik patronem
Załowali bedom ftedy ze ci dali w dupe
Jeden przez drugiygo wymowiali druzbe

Ty siy bedziys ino patrzoł na nik cornym łokiem
Bedom culi ze zabijos, hyj tym swoim wzrokiym
Bedom straśniy zyć łaskawiy, bośkać tobiy piynty
A ty Jasiu moj nojmilsy nie bedziys ugiynty

Bedom wyj progować na rozne sposoby
Cobyś do nik przyseł, przebocył łosobiy
A ty im przebocys, nie zybocys co zrobiyli
Kielo ludzom krzywdy i paskudztwa wyrzondziyli

Nigdy im juz nie uwierzys ze to dobrzy ludziy
Jedzom, pijom, baciarujom - ludziy na łobłudziy
Hyj bedom tys łoni płakać rzewniy za te grzychy
Yj, wystawis tys ik Jasiu na publicne śmiychy

Aly łoni bedom widziyć ze som sami winni
Rynka, noga nie postaniy u Janicka w siyni"
Bedom fcieli udobrować na rozne sposoby
Aly Jasiyk im powiydzioł: „Idźciy we nieroby

Wy cościy miy wyprzedali jak Judos Jezusa
Wy cościy miy korzystali do robot przymusem
Cościy zdrowo jedli tego tys nie wiyciy
Telo w sercu zolu jak wody na świeciy

Telo w łocak prochu, jak droga dalyko
Wy ino umiyciy wykorzystać cłeka
Bedziyciy załować jak słonko zońdziy za Hole
Bedziyciy sukali schroniynio w stodoly

Bedziyciy wy płakać z zolym tak jako jo
Bedziyciy wy ciyrpiyć, troche wiyncyj jak jo
Bóg jest wsyndyj, nei widzi co tys kozdy robi
Łon nom przysłość takom jak fce zaroz przysposobi"

Na tym świeciy ludziy zyjom, ludziy robiom ciynsko
„Jak zawiydziys drugom duse to zapłacis mynkom."

Ftoś Ty?

Ftoś Ty taki, co przez Ciy spać po nocak ni mogem
Ftoś Ty taki, kiy Ciy ni ma, zyciy mi nie drogiy
Kiyś Ty przy mniy - zyciy piykne, ftej słonecko świyci
Choćby lało, choćby grzmiało, tyś mi jest nojmiylsy

Fciała byk Ci jo dać syćko, fciała tys pokozać
Tyś jest mój chłopiyc nojdrozsy – do Boga to wołać
Jak ześ przy mniy to ftej cujym zek łokropniy piykno
Tyś jest fajny straśniy chłopiyc, dziywki tys Tobiy fcom

Kozdo by Ciy fciała bośkać, dyć choć troche dotknońć
A Ty nie fces, swom osobom głowy im zamoknońć
Piyknyś telo jak Ciy widzem przez mojy serdusko
I dotykom paluskami, śmiejym siy ło brzasku

Świynta przysły, Ty we wojsku, mojy serce płace
Bóg siy rodzi, ludziy ciesom, idom na podłazy
A jo siedzem przy łokiynku, wypatrzujym Tobiy
Telo piykne niebo w gwiozdy – hań ześ jest na niebiy

Twoja gwiozda świyci piykniy, straśniy jasno przeciy
Razem przeciy, juz na zawse my bedziymy w leciy
A do lata jesce troche nocek w gwiozdy złote
Jo Ciy cujym, jo Ciy widzem, Ty patrzys we wode

Jest potocek piykny, tam na skraju lasu
Hyj Ty se przychodzis w kozdy dziyń ło brzasku
Myślis ło mniy straśniy, juz to cujym w sercu
Jak wode dotykos lezem na kobiyrcu

Lezem ne i myślym fto ześ Ty to taki
Chłopcow pełno we wsi, jo ik nie fcem ani
Chłopcy nawet dobrzy i co ftory piykny
Jo myślym ło Tobiy, Tyś jest tyn mój wiecny

Tajymnica strasno rządzi wyj miłościom
Kiy Ciy ni ma przy mniy, jo płacem załościom
A kie ześ jest ze mnom ftedy słonko świyci
Mozemy być sami – biydni cy bogaci

Mozemy być biydni jako mys kościylno
Jo Ci bedem chłopce całe zyciy wierno
Wierno i cnotliwo dlo miłości nasyj
A bogato w dusy, w sercu na wszechcasy.

Dziwy Miłości

Cemu jo wyj przeciy kochom tego chłopca
Przeciy łon niedobry jako corno łowca

Przeciy jy nie cysty, lubi zabaciarzyć
Goni wyj po karcmak, tam ka goniom starzy

Wsyndyj ło nim pełno, syćka ło nim wiedzom
Pytos siy wyj ka jy, sąsiady powiydzom

Chłopcysko baciarskiy, jako wyj siy patrzy
Aly kiyk jest przy nim, serce swe łotworzy

Widziałak w nim duse telo piyknom przeciy
Widziałak tynsknote do przepiyknyk rzecy

Do miłości wielkiyj co jy piykno straśniy
Jesce wyj piykniyjso jak nojlepse baśniy

Widziałak w nim serce ftore jy łotwarte
Coby go przytulić ceko wyj rozdarte

Coby go ukochać nie patrzyć na ludzi
Coby wziońść do siebiy, nie trzymać na mroziy

Serce wyj jest w środku straśniy blisko dusy
To co cuje cłowiyk - drugiygo porusy

Duse łon mo piyknom ftoro jest schowano
Coby nikt nie poznoł ze tys jy skrusono

Syćkim pokazujy ze mu nie zolyzy
Dziywki wyj łobłapio i zostawio wyzyj

Zodno mu wyj przeciy jesce nie podesła
Choć piykne łokropniy z corniuśkim warkocem

Co ftoro bogato, abo wyj dorodno
Aly wyj Jaśkowi zodno nie wygodno

Som i takiy co wyj dadzom siy łobłapić
Aly łon ik nie fce – woli siy wyj łopić

Pijy coby myśloł ze jy moze w raju
Z kolygami w środku, z dziywkami na kraju

A jo ino patrzem na niygo z pod łoka
Przeciy łon choćjaki, ni ma go na chłopa

Przeciy wyj nie piykny, wyj po gymbiy swojyj
Aly cosik w nim jest, co przyciongo mojy

Jak go casem widzem to se myślym telo
Przeciy łon jest dobry, a nie widać tego

Mojy serce patrzy a dusa wyj miarkujy
Kie zek przy nim przeciy to siy dobrze cujym

Cujym zek jest kimsik, zek strasecniy piykno
Chłopcysko siy patrzy na mniy wyj we wdziynkiem

Chłopcysko siy patrzy a mnie serce bijy
Fciało cy nie fciało – a jo wiym ze zyjym

Zyciy jest wyj piykne kiedy my świadomi
Ze tys wyj na świeciy nie zyjymy sami

Zyjymy dlo ludzi, a łoni wyj dlo nos
Dobrości bieremy kiedy patrzom na nos

Chłopiyc wyj nie dobry, a jak jo go widzem
Tok jest straśniy piykno, z cyrwonym wyj licem

Ze złotym warkocem, z piyknymi łocami
Kiy idziymy drogom patrzom siy za nami

Ptrzom siy wyj ludziy co tys chłopca fcieli
Do zyniycki przygnać – chocioz do pościyli

Zodnyj nie fcioł przeciys ino wyj baciarzył
Kiyk siy pokozała zaroz siy łozjarzył

Wiedzioł wyj co miłość i co kany troski
Dawoł wyj mi wsparciy, jako Janioł Pański

Cułak siy wyj zawse jak Janiołek w Niebiy
Zaroz był wyj przy mniy, kiyk była w potrzebiy

Łod tamtyj wyj pory mom dusycke bratniom
Ftoro nie zostawi mnie na chily samom

Łon wyseł na ludzi, wiy co to jest miłość
Kiyk jest przy nim to wyj nie wiy co to złość

A jo straśniy dumno zek znalazła tego
Co sukoł miłości i dobra dlo niego

Co sukoł natchniynio coby zyć po ludzku
Co sukoł wymowki a zył po łomacku

Znaloz mnie, jo jego – to juz do starości
Bedziymy na wieki zyli wyj w miłości.

- Dlo tyk co kochajom sercem i dusom

Dyscyk

Lejy dyscyk lejy, łocyntami śmiejy
Corniusiynki dzisiok wiater w łokna siejy

Coroz pryndzyj siece, chyba bedziy grzmiało
Ludziy pośli do izby – fciało cy nie fciało

Kropla za kropelkom kapiy w tyj cyrniawiy
Woły ponad hole robiom siy duzawe

Zasły niebo całe i tońcom nad nami
Różniy do muzyki i gwarniy nocami

Poseł dysc do lasa, tam ka duze bucki
Kropi nad jedlickom co mo piykne krzocki

Kropi coroz barzyj az siy bojym przeciy
Bedziy mokrusiyńko na tym holnym wietrze

Wiater zanios dyscyk, zanios cornom chmure
Na polane haniok kany rosnom grule

Grulki siy napiyły dysca nei wody
Trowa siy zielyni tam ka stojom płoty

Zielyniuśko trowa śmiejy siy do zyta
Motyka w ogrodku z dysca jest umyto

Marchew bedziy wiynkso i cosnocek bielsy
Z dyscem trza zyć dobrze, ftedy bedziy lepsy

Kapiy, kapiy, lejy z chmurki corniusiyńkiyj
Kwiotki przy chałupiy lezom w ziymi miynkiyj

Napiyły siy wody teroz bedom duze
Bedom jak lilijy, bedom jak te róże

Dyscyk nie oscyńdziył robocka ni skały
Bedom siy pająki hyj z dyscem mijały

Za to kajtek w budziy bedziy cekoł jaze
Słonko siy pokoze w tym cyściutkim warze

Lejy dyscyk fajniy, cyści niebo świarniy
Ludziy narzykali, oddychali marniy

A jak juz przecyściył niebo z syćkik grzechow
Ludziy jakby lzyjsiy, aly ni ma śmiychow

Z dyscem trza zyć dobrze, trza go wypatrzować
Aly i łobrotniy roboty pilnować

Jak dyscyk polejy, to słonko łosusy
Kozdy wymiarkować, kany dobrze, musi.

Baciarka

Nyj kanyz to siy bieres, przeciy dziś sobota
Trza narombać drzewa, nojwiynkso robota
Nyj idem jo wiyciy, do Józka do Swarnego
Hyj co swojyj Kaśce dzisiok se wiernego
Nie trza ci baciarki ani flaski wina
Dyć łona łodźjako, jak nasa Malina
Nyj cos Wy godociy, Wy nojmilso mamo
Kiy tata był młody to robiył tak samo
Ty nie patrzoj tamok kany ciongnom włocki
Ino siy przyryktuj do dzisiyjsyj młocki
Nedyć byk siy umył, no bo przy sobociy
Całyk tydziyń goniył przy hańtyj robociy
Co to wyj, siy widzem, cosik stawios rzeke
Myłbyj siy łokropniy, nedyć skóre zedres
Co to Wy godociy, kiedy jo susony
Do lusterka patrzem, jak zek tyn chuchany
Dałak jo ci masła, dałak jo ci mlyka
Dzisiok kawoł chłopa, piykno, duzo rynka
Widzem – piyknyk telo jak kościylne złoto
Yj, mom jo ta piykne na tom Zosiy łoko
Ftoros to ta Zosia, majom łoni krowe?
Nie patrzoj za dziywkom co mo piyknom mowe
Zosia piykno, zgrabno i do skoły chłodzi
Dejciy Świynty Pokoj kie my telo młodzi
Co to wyj do skoły, a jako gazdowka
Edyć widać dziciy, potrza jyj parobka
Mamo nie godojciy, bo łoni łod paradnyk

Nie trza im parobka, ba synow zaradnyk
   Nyj nie godoj, rzeke, synow by siy fciało
   Dziywki telo piykne, a robiom za mało
Temu idem, rzeke, cobyk widzioł lepiyj
Cegos tys im potrza, kany było krzepiyj
   Dziciy, jak tak pados, no to łomyj gymbe
   Gaciy nowiusiyńkiy, kiyrpcoski przyrymbne
Bedem jak ta lalka, nopiykniyjsy we wsi
Aly jo nie pudem do zyniacki piyrsy
   Nedyć byś parobcył, a na to trza casu
   Jutro z łojcem jedziys na zyrdki to lasu
Nyj co to godociy, Wy nomilso mamo
Jutro na Niespory do kościoła rano
   Niyk ciy Matka Bosko broni łod baciarki
   Przeciy tyś jest młody, nei ni mos miarki
Łociyc, kie był młody to robiył tak samo
Łod Wos po północy uchodziył na siano
   Bo jak weznem kija, to ty siy łosoces
   Bedziys słuchoł matki, jakbyś dziś mioł rocek
Jo Wos mamo słuchoł całe mojy zyciy
Aly casem potrza pobośkać tys dziywce
   Telo tys byś bośkoł, a tu potrza robić
   Ty byś młociył zyto, jo siy pude modlić
Dyć zek umył gymbe i łotar łocynta
Na mniy ceko dziywka piykno i zmarzniynto
   Ty uwazuj ino kany łocy patrzom
   Ino pilnuj złota – tam co w portkak marzom
Zawiązołek mamo gaciy na powrozek
Byściy śmiało spała, piykno jak łobrozek
   Co to psikrwio jedna, myślis ze nie widzem
   Z korunkom nojmilsom przy łokniy przesiedzem

Łogrzoć bedem musioł mojom Zosiy piyknom
Bośkoł bedem telo co jas sićka zmiynknom
    Nedyć byś nie godoł, ba robiył cok fciała
    Poly, las i młake, cobyk w gorści miała
Zosia piykno telo, nei las tys majom
Scyrze łojce siy modlom, na łofiare dajom
    Jak biznes to biznes nie patrzoj miłości
    Jak biyda przydziy, ftej bedziys rachowoł swojy kości
E dyć widzem mamo, no to tako sprawa
Ej po ślubiy z tatom skończyła siy miara
    Tak siy łozyń dziciy, byś z głodu nie umar
    Na budowiy ciynsko, robiom jak tyn sumar
Bedem patrzoł wiyciy, aly zabaciarzem
No a Wy mozeciy zajońć ciy pociyrzem.

Noc Świętojańsko

Staro baba w lesiy siedziała na skoli
Głowom do zachodu unosiyła nogi

Mrucała pod nosem, cosik straśniy wartko
Patykiem w korzyniu przysadzała miarkom

Wziyna mechu troche i cetyny z ziymi
Wymiyna to w gorści, zaroz siy łodmiyni

Bedziy piykny prosek, a kany posypiy
Do miesionca piykno jedlicka siy wypniy

Wziyna troche wody, z potocka – źrodlanyj
Zamiysała wartko patykiem złomanym

Modlyła siy pewniy po swojymu przeciy
Pod nosem mrucała, tego co nie wiyciy

Nazbiyrała trowy, jabo ziól paradnyk
A było ik siedem, straśniy piykniy rwanyk

Chodziyła, zbiyrała, dziynkowała straśniy
Boskiem po cetyniy, po rosiy – radośniy

Polanka nie duzo w samym środku lasu
A zioła paradne ni majom dziś casu

Kozde pochniy dobrze, a jak przysposobi
Dziywka do chłopcowi, to se jom polubi

Na boleści strasne co w pociyrzu trzymiom
Baba przysposobi – ftedy chorość wyrwiom

I na lynki nocne, co rządzom cłowiykiem
Przyndom, rynkom łodjon – jak wypijys z mlykiem

Ziół tyk było siedem, a babina staro
W lesiy, na polaniy uchodziyła z miarom

Łona wiy co robi, ftore zioło jakiy
Jak pomyśli mocno – bedom skutki takiy

Jak uniesiy głowe do miesioncka w nocy
To nabiere straśniy siyły ne i mocy

Jak bedziy fto chory, przydziy z zielyninom
Do troche pod głowe, wypić trza z pokrzywom

Słuchać rady baby, ftoro wiy co robi
Po nocy za zielym noscyntami drobi

Rosa nogi myła a wiaterek susył
Baba pomyślała chory siy wyj rusył

Rusył siy z pościyli, kany lezoł stywno
Kiedy ziół nie było, syćko mu łowiyndło

Bóg rzadzi przyrodom, lasem i polanom
Kozoł babiy zioła dawać syćkim panom.

Plotka

Kukuryku na patyku, sła głupota drogom
Podskocyła na paluskak, prztupała nogom

Sła biydulka koło drogi, spotkała głupote
Zaroz myśli co tu zrobić, jakom ino psote

Namyślały, podskocyły, bedom tońcyć razem
Na trowusi, na pioniycku zaroz se pogwarzom

Zawołały plotke zgrabnom do swojyj kompani
Bedziy raźniyj im na słonku jako piyknyj pani

Plotka to jest piykno dziywka w cyrwonyj garsonce
Jak jom ftoro dziywka zechce, widzis jom w wiązance

Jest niewinno straśniy łona, mo łocy corniuśkiy
Troche prowdy, wiyncyj bojyk, robiom siy malućkiy

Łona tońcy łod chałupy do chałupy świarniy
I gymbusiom swojom godo nowom prowde zgrabniy

Prowda to jest gorzko sprawa, po co wyj tys łona
Kiedy plotka i cygaństwo goniom jak szalona

Goniom po wsi no bo kany w mieściy nie do rady
W mieściy kozdy zyjy w bloku, tam ka som układy

Wieś jest piykno i łotwarto na kozdom uciyche
A babiny po wsi chodzom, tys majom uciyche

No bo musis godać przeciys, nie bedziys zył w mruku
Jak bojycke puścis małom to narobi huku

Mało bojka, aly strasnom mo siyłe w godaniu
Ni mo miary, ni ustanku, dopadniy ciy w spaniu

Zeby było jak godane po tyj nowyj prowdziy
Nie uwierzys, to źle z tobom, utopi ciy w wodziy

Plotki goniom po wsi straśniy co ftoro chałupa
Kany plotka nie gościyła, moze być rozrucha

Roz do roku na nojgorse plotke musis przyjońć
Piykniy, scyrze, z ciepłym sercem nogi przed niom ugiąć

Jak nie przyjmiys – siy pogniywo, urok ciśniy na ciy
A sąsiady tobiy zjedzom, ściongnom twojy gaciy

Bedziys zył z ploteckom dobrze, w Biołyj Izbiy gościył
To ciy bedom sanowali w izbiy i na mościy

No bo w plotce troche prowdy i strachu tys troche
Ino bedziys wspołpracowoł – zyciy twojy dobre

W kozdyj chałupiy plotka była, tam chlipała zupe
A jo myślym ze to psikrwia, rządzi ino trupem

A jo myślym trza przykrocić panowanio plotki
Ty siy dobrze nie łobrocis, zabierom ci portki

Jedna plotka w kozdyj chałupiy dodała trzy słowa
Z niewinnego cłeka przeciy, spadła wcora głowa

Bo go wziyni do hereśtu, za to co nie zrobiył
Piyknyj plotce podziynkować, zyciy przyozdobi

A jo myślym ze trza trzymać, zamknońć dziywce srodze
Z miełłom w ryncak jom wygonić za tom siódmom miedze

Coby zyciy było miyłe, a ludziska dobrzy
Aly prowda – ze bez plotki – ludziy by byli chorzy.

Swetry Góralskie

Pletom baby staśniy swetry wyj na handel
Nie przespały nocy, aly majom mondel
Pletom swetry babskiy z kielcanki wełnianyj
No bo łowco gryziy, no a z tamtyj toniyj

Pletom baby staśniy hafity góralskiy
Posyrzane w palcak, ze wzorem na ściągawce
A kupujom pany, straśniy kielo raty
Ubiere hafite i jedziy na narty

Ftej to juz nie zmarzniy, choćby tydziyń w Holak
Nie trza mu kufajki, w tej, co robi w skolak
Pletom baby pletom - upletły wyj miarke
We wzory przepiykne, wiązane pod karkiem

Rynkawicki, solik, do kompletu zegnom
Jak wyj pany kupiom to se w śniegu legnom
No bo swetry i hafity, razem z copkom przeciy
Jak ik kupiom pod Kasprowym to przyjadom w leciy

Pletom baby swetry, piykne łozpinane
Sićka by wyj fcieli mieć swetry wełniane
W górak staśniy zimno, a jak śniyg przykurzy
Hafity wełniane, nyj i sweter duzy

A pany kupujom straśniy wyj - naraty
Bo jak baby pletom to juz nie na żarty
Pletom baby za dnia coby miały wiyciy
Pletom i nocami a wstajom ło świciy

Pletom straśniy piykniy, rowniućko, wzorzyściy
Coby mogły pańskiy dziywki chwolić siy jarzyściy
Nika wyj nie kupis swetra góralskiygo
Jak wyj nie przyjedziys do Zokopanego

Zokopiańskiy swetry nojpiykniyjse przeciy
Nie trza łokulorow a poznos we świeciy
Poznos ze robiyła krzesnomatka Broncia
Zodyn sweter ni mo takiygo wyj wziyncia

Łokropecniy piykne wisom na straganak
Uwazuj bo bedom sprzed nosa zabrane
Cały świat łobesły swetry wyj góralskiy
Majom historyjy takom jak ciupaska

W kozdym mieściy przeciy, jak ftoryn był u nos
Nosi dumniy sweter coby wyj tys nie zmors
Ludziy zostrzykami broniom siy przed grypom
A jo wom powiadom ze ni ma jak:

Swetry góralskiy, hafity, rynkawicki i copki
Trza siy ino ubrać porządniy po góralsku – a bedziys zdrowy!

Tup – Tup

Delikatno dziywka sła drogom koło mniy
Z nózki na nózecke
Rusała tyłeckiem
  Myślym - siy przypatrzy, przeciy jo nie brzyćki
Kiyrpcoski cyściućkiy
Robiom siy maluśkiy
  Mo gymbusiy piyknom i łocynta corne
Ząbki mo bieluśkiy
Cycuski miynkuśkiy
  A jo honorowy kawalyr z wigorem
Krówke umiym doić
Bycusia napoić
  Pytom piykniy dziywce: „kanys to tys idziys?"
Śmiejom siy łocynta
A łona zmarzniynto
  Idem do Kościoła troche siy pomodlić
Klynknonć noscyntami
Modlić siy łocami
  Pockoj dziywce piykne, to pudziymy razem
Styry noski zgrabniy
Rusajom siy świarniy
  Raźniyj w porze zyc honorem jako klepać biyde
Grzondki kopac
Psa podropac coby ni mioł pchełek
  Jo jest dziywce honorowe, aly wiym cego fcem
Serce mom jak róża

Z mojygo ogroda
  Jo kawalyr jest ciekawy ło twojy serdusko
Coby straśniy mocno biyło
A do mniy siy łotworzyło
  Zyć miłościom to jest cnota, a co na to łojce?
Błogosławić bedom
Kiy miłość uwidzom
  Do Kościoła juz idziymy, moze trza do ksiyndza?
Błogosławiył bedziy
Ino nos uwidzi
  Co to chłopce, znowuś przyset do mniy z kochaneckom?
Zmiynios straśniy dziywki
Ani do polywki
  Ftoś ty taki, jo ciy nie fcem, jo porządno dziywka
Miyły mój na wieki
Bedziy tyn co rzeke – a nie fircyk!

Głupoty i Cudactwa?

Dziadujom, biydzom, cudujom – i po co?
Po co komu rynka, kiedy mo gornecek
Idźze se du domu najeść siy grulycek
Mama grulki dała, tata przygrzoł mlycko
Nie trza nom ciy tutok, ty bezero świycko
Udusimy tobiy i włozymy w dzióre
Fciołeś być bogaty i patrzołeś w chmure
Idźze se do chałupy tam ciy ceko dziywka
Potońcys, pośpiywos, no bo łona miynko
Fciołbyś gymby łod niyj – no to se jom nadstof
Ino se uwazuj byś łod niyj nie dostoł
Idziy kura, za niom kogut grzebiy w ziymi glizde
A tyś myśloł ześ mondrzyjsy, ze zyciy łatwiyjse
A tu biyda ciy przycisko i łobraco srodze
Fciołeś tońcyć z młodom dziywkom co mo piyknom chodze
A tu baba staro jak śmieszcz wziyna ciy w łobroty
I przycisko kielo moze do ciynskiyj roboty
Cobyś widzioł lepiyj – dała ci po kufiy
Zagroziyła ze jeść nie do, wyruci z chałupy
Telo piykno – rzeke – jak tyn strach na wrony
Aly za to siy uwijo jak łogon Maliny
Majdze, bijy wsyndyl i udajy świyntom
Totys mama ci godali – lozyń ze siy tys ś niom
Łona ciy naucy kany twojy miyjsce
Casem w złobiy przy krowusi bedziys płakoł scyrze
Bedziys grulke jod z kwaśnickom i popijoł wodom

Cobyś ino nie narzykoł – bo przyłozy kłodom
Wiadro wody weźniy i łoblejy głowe
Ino pyskuj to uwidzis jakom ta mo noge
Chowoj bycka, chowoj krowe, cobyś mioł zajynciy
Jak urośniy – pudziys na spynt – bedziys mioł tys wziynciy
Dziywki rade za robotnym łocyntami patrzom
Cobyś wiedzioł, kozdo lubi kiedy ło niyj gwarzom
Chodzi, tońcy jak kózecka, zgrabniy dupkom ruso
Ty uwazuj, no bo dziywki wielgik ino kusom
Tyk co krowe majom piyknom i bycusia w sopiy
Kure, łowce i jagniontko, fure siana w sopiy
Coby miały na cym figlać, pisceć kielo wleziy
Jak ik frajyr wyłobraco, ka se lezoł bedziy
Dej mu gaciy długiy, coby przykrył dupe
Nedyć przeciy światło momy – nowiućkom chałupe
Za chałupom kupe gnoja, piyknom – telo duzom
Jaze przeciy siy sąsiady nadziwić ni mogom
Chodzom, patrzom, telo myślom – skondze my to momy
Przeciy kiyby byli z miasta, tobyk był zielony
A tak widzem sićko piykniy przez rózowom sibe
Dziś mi nie trza kochanecki – idem se pod lipe
Tam se legnem a nade mnom piykne słonko świyci
Yj, byłbyk jo dziś bogaty – kiybyk ni mioł dzieci
Psiekrwiy jedne dokucajom, goniom po chałupiy
A dziadecek mi godali – myjze tys siy w zupiy
Łona piykniy ciy łodmłodzi, dodo tobiy krepy
Bedziys siyły mioł co Kaśton – i przenosiył wiyrby
Nie trza bedziy chować konia – a juz na cos traktor
Ino tobiy zaprzągniymy, bedziys jak tyn znachor
Lycy, śturko, kombinuju, myśli ze jy mondry
I zaziyro ludziom w gymbe, bezwstydnik załobny

Dejze piepszu, dejze soli, cobyk zrobiył bryjkę
I przyłozył tam ka boli, na tom swojom myjkę
Nie trza bedziy ftedy chłopa ino ksiyndza wołać
Niyk przyniysiy kropiylnice i zacyno modłać
Bedziys tońcył w dyrdy świarniy z ciupazeckom w gorzci
I przebiyroł nozyntami na jarmaku kości
Skórka z lisa, kości z mysy na jesiyni wyńdom
Bedom grali muzykanci drogom zarośniyntom
Koniy ciongnom włocki piykne, nowiusiynkiy z Miasta
Tyś paradny jak ta dziywka, no boś to tyn gazda
Dołeś mąke babiy swojyj, niyk narobi klosek
Przeciys spyrka jest nojlepso do twoik chałusek
Tłusto myślis, tłusto łorzes skiby zarośniynte
Mysy goniom w twojyj dziórze – ugryzły ciy w piynte
Teroz widzis sićko lepiyj, ni ma ło cym godać
Jak popukos siy po głowiy to ciy bedom wołać
Dała baba koziy siana, dała jyj pomyjy
Rzić zatkała kołkiem dobrze, nic siy nie wylejy
No bo skoda kozdyj gorści, kozdyj kropli wody
Totys rzeke, twoja baba jest piyknyj urody
Gymba piykno jest, cyrwono, a lica pucate
Rynka, noga, jak siy patrzy i łokrongły zadek
Myślis ześ jest nojpiykniyjsy a tu figa prowdy
Dyć nieboscyk sąsiadecek nie fcioł twojyj mordy
Godoł przeciy – piykne słonko świyci na polaniy
Kiybyk gwizdnon to łoć bedziy – zbiyroj ze tys praniy
Gaciy zgrzebne, piykne, chłopskiy susom siy na płociy
Alyk dziywke mioł piykniyjsom no to jyj ni mociy
Fciołes palyc, ciągniys rynke, głupiś jak ta koza
Ukroj chleba, troche spyrki, smolcu weź do łoza
Rzić trza zatkać nawet kołkiem a jak mos do pyska

Pryntko śpuloj za potrzebom, hań, tam do uśpiska
Nedyć przeciy tam zielono, telo piyknyk pokrzyw
Nie dejzesiy sąsiadowi coby ciy umorzył
Nedyć przeciy trza se radzić, trza być piyknym panem
A łostrewki trza nabijać nad samiućkim ranem
Coby sitka ciy widziyli ześ nojlepsy gazda
Nedyć łoni jak im potrza, niyk idom do Miasta
Tam tys mozes kupić świniy na spyrke dorodnom
Ino patrzoj jak jom wiedziys, cy tys nie kulawiom
Nedyć świnia tońcyć umiy, babrać siy w łoborze
Nie narzykoj ze ci zdechnon, cos ci po tym scurze
Co podjodoł snopki siana, choćkiy strasył wrony
Twoja baba łobiycała ze bedziy susony
Na godzine cornom, na łostatniy tchniyniy
Ususymy łogonecek, domy go przy winiy
Coby wino cyrwiyniało a łogonek śtywnioł
Nie dej Boze by ukradli, palyc by ci zwiyndnon
Dziesiyńć palcy mos w koziarkak a tyn jedenosty
Łon ciy wodzi dyć skrotami za twoj nosek prosty
Za chałupom rośniy drzewko, piykno jabłonecka
U sąsiada dalyj dziywkom jest ik jedynicka
Tys mos babe, nie narzykoj, no bo mo fto warzyć
Jedynicka mo spodnicke, aly pod niom gwarzy
Nyć dziadecek stary rzeke, aly kiy jom widzi
To tyn palyc jedenosty zaroz go zasfyndzi
Idziy wiesna, nedyć ludziy staśniy gruly sadzom
Nyj godali – bedziy biyda – sąsiydzi siy wadzom
Zyto zasioć, kukurydze, kwiotki pod chałupom
Twoja baba mo spodnice, ne i krynci dupom
Kusi chłopa piykniy, jak tyn diaboł corny
Ino patrzy kontem łoka keidy jy wigorny

Wiesna piykno – rzeke – coby była lubo
Boskiem chodzem po łoborze cobyk pozył długo
Skoli pełno wsyndyj tok poobijoł palce
Bedem musioł pedziyć babiy niyk przyniysiy walce
Naprostujy noge, bedziy piykno kielo raty
Pudem na juhaske posiedziyć na warty
Tam łowiycki piykne, biołe, telo co uroki
Bedem lezoł na trowusi i patrzoł w łobłoki
Łony jak łowiycki i nie trza pilnować
Ino patrzyć do słonecka, bymbe łopalować
Coby baba kie przyjadem wybośksła mocno
Uzolyła siy nade mnom, dała iść do karcmy
Tam kolydzy juz cekajom cobyk zafundowoł
A jak nie dos łobgodajom, puscom bujde nurom
Dyć trza stawiać gorzołecke, wypić piykniy na roz
Nie dej Boze cobyś wyseł, ftej po kufiy juz mos
Gorzołecka to jest „dziywka", psiekrwia jedna piykno
Totys we wsi nojmocniyjsi zaroz przy niyj zmiynknom
Łona umiy patrzyć w łocy, mrugać kielo wleziy
Cobyś ino jom łobłapiył to powiy ka lezy
I łobiyco tobiy sićko, góry złota, miedze
Ino bośkoj to zabiere łostatniom wiecerze
Bedziys widzioł sićko piykniyj, nie trza bedziy słonka
Pockoj kiy ciy kopniy kacem, dyć biołyś jak mąka
Widzis fto tu jest mondrzyjsy i cfanioka strugo
Prześrocysto gorzołecka – twoja „baba" drugo
Umiy piykniy śmioć siy z gracjom, casem mrugniy łokiem
Umiy dać ci w dupe dobrze, idziy ci za krokiem
Aly siy nie przejmuj telo, zyciy przeciy długiy
Dziś zes jest, jutro ciy ni ma, sąsiady nie głupiy
Mos bycusia, mos krowicke, to ci jom zabierom

Gorzołecka to dziywecka – aly w karty wygrom
Bedem mioł grosicka, to se kupiym pore zyrdek
Kajtek sceko, telo goni za nogom jak myrdek
Kiyby doł mu kości toby ik zagrzeboł w ziymi
Jak by przysło na nos srodze, to byk ni mioł siyni
Ino dwie izbecki co siy tam ledwo łobrocis
Aly znachor ci godali i ty siy nawrocis
Bedziys usłuchliwy i patrzoł w lusterko
Jak wypatrzys janiołecka no to zamknem wieko
Łotworzymy becke z winem coby nik nie widzioł
Co w kumorze lezy staro, cok bimber napyndziył
Goniym po kumorze, drobiym noscyntami
Coby ino nik nie widzioł ze my tutok sami
Jest nos piynciu – na cos wiyncyj, ino na kłopoty
Nie dej Paniy moja baba zagno do roboty
Koze iść na poly, nei śturkać koło sopy
Do gnoja, do siana – nedyć to wy chłopy
Posługować to siy nie fce, ino gorzołecka
Dziś Maline potrza wodzić to sąsiadowego bycka
Nyj to hyrne zwierze, piykne łokropecniy
Ino widzi piyknom krowe, łogon stoi niecniy
Leci potok koło ściany, nedyć piykny kajsi
Jescek wcora wode ciongnon dlo nasyj bojaźni
Dziś godajom dobro woda, piykno, przeźrocysto
Alyk widzioł kiy sąsiadka praniy tamok miyso
Namydlyła mydłem szarym, tym to jest nojlepse
Zgrzebne gaciy bielusiynkiy susom siy na wietrze
Pewniy krzesny kajsi idziy co gaciy siy susom
Przypiylyło sąsiadecka, pewniy duzo rusoł
Rusoł gymbom, no bo cymze ino totym umiy
Baba fciała troche lepiyj dopadła go w słomiy

Kurzy staśniy fajke a dusi go asma
Baba wkłado rynke dobrze, smarujy go masłem
Siedzi sąsiod przed chałupom, piykniy pogwizdujy
Jak namyśloł, tak tys robi, noge se smarujy
Coby była wartko, jak trza bedziy uciykać
Kiy go włosno baba nondziy, w siyni bedziy cekać
Ftej nie bedziy wyproś ino w nogi dawoł
Cyrwiyniućki straśniy, jak sercowy zawoł
Chrzesnomatka nasa za wałem siedziała
Ło niebiyskik figlak w kozdom noc myślała
Patrzy na pietruske, w słodkiyj wodziy moco
Trza bedziy łoplewić łogrodecek nocom
Przy miesiącku w pełni, złotym jak talary
Jesce lepiyj widać sąsiadowe gruly
Z motykom pod pachom a na karku snurek
Stoła przy tym płociy, patrzała na chmure
Myśli, śpekulujy ftoro lepso marchew
Sąsiadcyna z pola, cy kupiono w sklepiy
Dyć sklepowe z potasu, sąsiadowe z gnoja
Co siy bedem namyślować – tota marchew moja
Pudem po ciymnicy fte co sićka spajom
Pudem do spowiydzi, i tak duzo majom
A ksiądz pedzioł ze nie wolno cudzom łyskom chlipać
Przydom mrozy syberyjskiy to trza bedziy uciykać
Poprzey pola, poprzez lasy do staryj piywnicy
E psiodusa stasno przeciy, bojym siy dziewicy
Tyj co godo ftej co widzi prowde przenojświyntsom
Łocy bioło, przenikliwe, jak kotu siy świycom
W tamtym tyźniu sąsiod ukrod sąsiadowi kure
To pedziała kany jedli, we ftorym rosole
Z makaronem ciynkim baba uwarzyła

Przy jojku sadzonym dobrze popijała
Bo był tłusty telo rzeke, jak spyrecka swojsko
Co na garło, na dusoty psine ludziy jedzom
Tys jest dobro, ftej co nie wiys co popijos z mlykim
Na łoborze dziadek w ziymi dłubiy se patykiem
Dłubiy, wypatrzujy, glizdy przerośniynte
No a pod zyrdkami glina jest zmokniynto
Przemokniono do starości nie jedno widziała
Nawet ftej co noc jest corno, a łona nie spała
I widziała sićkik ludzi i ło roznym casiy
I widziała tyk co kradnom drzewo w pańskim lesiy
I sprzedajom coby mieli na cornom godzine
Fcioł cy nie fcioł dzisiok musis utrzymać rodzine
Aly ciynskiy casy nasły, jesce gorse idom
Z ciupazeckom pod pazuchom partyzanci idom
Idom lasem, upłazami, coby nik nie widzioł
Zaburzyli piyńściom w łokno — poć to moskol ci dom
I grulecke z masłem swojskim, tym z kiyrnicki staryj
Jak siy najys, tydziyń z głowy, bedziys rześki, jary
Jare zito, jare zboże na ubocy rośniy
Dyć jest w doma, jutro sąsiod za flaske siy weźniy
Aly Bozia patrzy z góry nei wiy co robi
Jak kozeli kosić siano i łostać przy roli
Kosić kosom trzeba rzeke, aly nie kosiarkom
Rynce zgrabne do roboty, przepasane miarkom
Co byś kosiył rowno w rzyndy, tak jak po dwa tońcył
Bo kosiarka to ty widzis, poly ino zmyncys
Kiyby dziadki nase wstali z grobow zarośniyntyk
Yj, to byś ta wigor dostoł, cuł byś go przez piynty
Bo kosiyli boskem downo, coby culi miedze
W tajymnicy ło północy przekazowali se wiedze

Jako kosić, jako łorać, no i plewić - rzeke
Marchew piyknom babka miała, cyrwiyniućkom jak krew
Co siy ludziy dziwowali, biyli siy po głowiy
Namyślyli, śli do lasa, chuchali do sowy
Coby im rozumu dała, nei wiedzy wiynksyj
W nocy cornyj śli do lasa po tyj gliniy miynksyj
Sowa przeciy jest nie głupio, ba łocato staśniy
Korzyń z ziymi wyseł duzy i do góry rośniy
Nie tak co wyj ludziy wierzom, zabobonni, starzy
Aly nowyj wiary widzem, takiyj co jaz gwarzy
Gwarzy tutok za tym krzokiem, straśniy ne i głośno
Bojno zaźreć, no bo nie wiys cy przyłozom mocno
Skoli majom troche, aly wiyncyj mechu
Puściyli lisa miyndzy ludzi, to narobi strachu
Strach to piykny jest kolyga i mo piykne łocy
Corniusiynkiy nei duze, nie boi siy nocy
Jabo widzi ftej co strasy, ze zabierom duse
Całom noc świycoske poli – przezywo katusze
Jabo piekło jest corniuśkiy z cyrwonym łogonem
Kany majdniy, tam sie iskrzy, porwiy cornom wrone
To nie żarty, to nie śmiychy, co tutok siy dziejy
W złości swojyj, w potężności wiater holny wiejy
Dujy straśniy mocno, przenosi chałupy
Na nic przeciy nase zwady – ulyj troche zupy
Trza zjeść dobrze, popić mlykiem grulki łomascone
Do chlebusia troske masła, kiełbasy susonyj
Jak posmarujys tak pojedziys i to prowda świynto
W zimiy włocki z gnojym wozis i patrzys za miyntom
Miynta rośniy w leciy, ftej to słonko świyci
A ty patrzys dziś na gwiozdy, moze nie wyleci
Leci tyndyj, leci hawok, a tamtyndyj pudziy

Robiom droge asfaltowom, tacy to wyj ludziy
Jnet by fcieli kostke, a moze i marmur
Zabocyli jak siy chodzi boskiem tam ka zamur
Drobiom w miyjscu, tońcom, przebiyrajom pazdorami
Pościongali buty, myślom ze som sami
Pazdory cyrwone, niebiyściutyńkiy jojo raty
Najodej siy masła i bedziys pucaty
Po masełku, po spyrecce dońdziys do uciychy
Ze śmietanom do plebona, zgładzi twojy grzychy
Tońcył śwagiyr po dwa śwarniy, tońcył i po śtyry
Z ciupazeckom w gorści to pościnoł wiyrchy
Zacion w lewo, zacion w prawo, a jak przygrzmiył w środek
Jtej sąsiady juz wiedziyli ze na gruly worek
Worek piykny, szary, przeplotany w krotke
Chodziył kot paradny co mioł piyknom mordke
Chodziył na pazdorak a łogonek dzwigoł
Nie dej Boze przyseł, ptosecek zaświyrgoł
Jaskołecka mało furgała se w leciy
Po niebiyskim niebiy, po tym starym płociy
Co widziała – to jyj, tego wom nie powiy
Jak siy wyj krzesnanek, dropoł siy po głowiy
Dropoł siy wyj telo co jaz przedar skóre
Baba uwidziała na niebiy wyj chmure
Pyto piykniy chłopa coby doł juz pokoj
Bo łysine zedre, jani nie trza roku
Nie dość ze piyńć włosow, sićkiy siwiusiyńkiy
Baba smarowała go po brzuchu miynkim
Tak go smarowała ze krzesny ześtywnioł
A włosy na głowiy piykniy se wylizoł
Mo juz swojy roki, co tu wyj nie godać
Aly hań do lasa lubi se wyj chodzać

W lesiy dziora strasno, tam ka dzikiy świniy
Zrobiyły kryjowke, lezały se w gliniy
Cekały kiy zońdziy słonecko za góry
Coby wyj siy najeść z pola chaniok gruli
Gruly rosły piykniy a świniy cekały
Coby ino gazda piyrsy nie wykopoł
I nie zanios do chałupy, do piywnicy telo
Nei zamknon na kłotecke, w rodziniy siy dzielom
Dzielom siy wyj jak robota, w polu strasne siana
Kozdy idziy do roboty, baba wiyso praniy
Powiysała coby uskło bo niedziela idziy
Do kościoła, na niespory w tybytce wyj pudziy
Sićka widzom ze jy cysto, ze jy wyj pucato
Dograbiyła siy łokropniy to jy piegowato
Gymbicka łokrongło w plamecki złociste
Mo se kawalyra w kosuli przejrzystyj
Przeźrocysto straśniy co jaz sićko widać
Momy kota w doma, mozno go przyliząć
Grzebiyniym specjalnym co mo złotom roncke
Straśniy kociy głodne i zjadło pajoncka
Bedom teroz ludziy straśniy to wyj godać
Ze my nie umieli gazdowki dochować
Ino pojechali kajsi wyj do miasta
Po nauki strasne, lepse jako gazda
Ni ma nic lepsego jako krówka swojsko
Zabrali wyj Jaśka coby słuzył wojsko
Nyj to duzy chłopiyc, nawet wyrośniynty
Jaz mu buty idom tamok, kany wyj tys piynty
Noga długo straśniy, jako u złodziyja
Bedziy dobrze goniył, nie trza wyj tys kija
Skoda kija przeciy, bedziy do łostrewki

Nie trza bedziy brusić tyj nasyj sikiyrki
Ino tamtom trzymać, na cornom godzine
Jak łobronić przydziy wyj nasom rodzine
Rodzina to przeciy telo piykno sprawa
Jak byś doł im sićko – nie pudom do prawa
Nie bedom siy sondzić, kiedy ni ma po co
Jak juz łograbiyli chałupe wyj nocom
Chałupa puściutko, aly tys wyj krzywda
Ze ni mogli zerwać podłogi i wyngła
Syby piykne przeciy, ne i drogiy w sklepiy
Po co wyj siy sarpać kiedy stojom w łokniy
Jak chałupa nasa to jyj nie rusymy
Aly jak strynina – no to juz idziymy
Zeby dała sićko, jyj nie potrza telo
Łona przeciy staro, nie bedziy weselo
Po dobroci piyrse, a jak nie do rady
My momy sposoby na te stare baby
Coby fciały swojy a nie trza im przeciy
Do grobowyj deski zagonimy w leciy
Domy w dupe telo, a jak nie pomoze
Zamkniymy jom w sopiy, ściśniymy powrozem
Cały tydziyń bedziy siedziyć jak baranek
A jak nie zglewiyjy, zamowimy wionek
Coby wyj tys dała cego jyj nie potrza
Łona mo tys dzieci, aly skoły tworzom
Fto do skoły chodzi, nie trza mu chałupy
No bo jak zarobi to se kupi buty
Straśniy mocne telo, ne i drogiy przeciy
Bo jak kopnom w dupe, trza uciykać bedziy
Moze wyj to miasta tamok kany skoły
Kany kozdy biydok – goły i wesoły

Po malućku przeciy dońdziymy do uciychy
Zarobi na portki, moze i na cuche
Cucha jest góralsko z rodzinnyj chałupy
Ino nie uwazuj, dostaniys po dupiy
A bolało bedziy telo jojo raty
Jak łociec przyłozom to bedziys pucaty
Ale nie z dobroci ba z zolu wiernego
Niesłuchołeś łojca, ba brata swojygo
Sićka jednakowi, a nojlepiyj w Świynta
Idziy staro baba, sucho i zmarzniynto
Przysła wyj do izby, kany wyj jodali
A łona se siadła na tyj cornyj skoli
Ftorom to tys mieli jako przy kapuściy
Pod stołem siedziała w tybytowej chuściy
Siedziyła, patrzyła, co to wyj godajom
Miarkowała ino cy wyj nie sprzedajom
Nie bardzo wyj przeciy wiedzom co za baba
Przysła do chałupy, narobiyła stracha
Patrzy siy wyj telo na to co tys jedzom
Wstała i pedziyła ze piykniy tu siedzom
Ze to prości ludziy a sukajom scyńścio
Jak jyj nie usłuchnom to pogrozi poyńściom
Piąstkom wyj mizernom, ale co kościstom
Na stoly wyj siedzom talyrze złociste
Łokronglućkiy telo jako wyj talary
Jak ik dotkniys palcem, to ni majom miary
Ino siy tulajom po kympak zielonyk
I siy uśmiychajom do dusy swawolnych
Ftore to tys wiedzom jako to miarkować
Cystości wyj ciała swojygo dochować
Dusa była cysto kiy Janiyli brali

Z Pietrem siy wyj Świyntym, w bramiy wyj mijali
Aly było piykniy, staśniy przeciy, telo
Syćko widać haniok, jak siy ludziy dzielom
Dzielom siy wyj ftedy jak im trza pomocy
Do grabiynio latem abo wyj na smrecek
Na smrecek do lasa, coby nikt nie widzioł
Jak nogi wyciągniy coby tys ześtywnioł
Ześtywnioł wyj w lesiy ło nocy skolanyj
Na drugi dziyń przydom duchy i weśćpany
Weznom wyj do nieba, je do piekła przeciy
Bedziys pokutowoł coś robiył na świeciy
Jakeś łobuzowoł, to ciy djabli weznom
A jakeś był dobry - ka Janiyli lezom
Lezom nei myślom co zes to wyj przeciy
Śli by wyj do nieba, chocioz grześni niecniy
A w niebiy Janiyli razem ze Świyntymi
Grajom se muzyke – Góralskom skrzypcami
Przywołujom duse coby siy zabawić
Coby nigdy ludziom krzywdy nie wyprawić
Co ftory to poźre na tyn ziym, padole
I miarkujy jakom ludziy majom woly
Do nieba by fcieli – ni ma nic za darmo
Jak eś grzesnom dusom – no to skońcys marno
A jak eś był dobry dlo bliźnik wyj przeciy
Janiyli łotworzom niebo dlo ciy grzecniy.

Słowniczek
Góralsko – Polski

A
B

bieres	bierzesz
bieres siy	idziesz
biolusiyńko	biało
bośkać	całować
bujda	plotka

C

choćjaki	byle jaki
choćkiy	czasem
chodza	chód
cliwo	tęskno

D

drycniy	zgrabnie
dujy	wieje
dziciy	dziecko
dzisiok	dzisiaj
dziywki	dziewczyny, panny

E
F

fcieć	chcieć
ftej, ftedy	wtedy

fto	kto
ftory	który

G

godać	rozmawiać
gruly, grulycki	ziemniaki
gwarzom	rozmawiać
gymba	twarz

H

hafity	skarpety
haniok, hań	tam
hańtyj	tamtej
hawok	tutaj
hereśt	więzienie

I

J

jabo	albo
jako	jak
jyj	jej

K

kanyz	gdzie
koziarki	nogi
kufa	gęba, twarz

L

legnońć	położyć się

lejy   pada

Ł

łobcym	obcym
łobłapić	przytulić
łociyc	ojciec
łod	od
łodkidać	odszuflać
łodźjako	byle jaka
łocynta	oczy
łokna	okna
łoko	oko
łon	on
łona	ona
łoni	oni
łopić	opić
łosoces	opamiętasz się
łostrewki	ostrewki
łosujy	osypie
łotar	otarł

M

miarkujy	przemyśla
miesioncek	księżyc
modłać	modlić się
mondry	mądry

N

naraty	szybko
narzykoj	narzekaj

nurom   gębą

O

P

pados	mówisz
parobek	kawaler
patrzoj	patrz
piykno	piękna
pletom	robią dzianiny
porachować	policzyć
portki	spodnie
poseł	poszedł
potrza	trzeba
przyryktuj	przyszykuj
psikrwio	(ty niedobry)

R

rynka	ręka
rzeke	mowię
rzić	tyłek

S

sfyndzi	swędzi
sićko	wszystko
siy	się
skoła	szkoła
spyrka	słonina
sujy	sypie

Ś

śpekulować	kąbinować
śpulać	uciekać
śwarny	sprytny, szybki, energiczny
świyci	świeci
świyntować	świętować
śturkać	szturchać
śtyry	cztery

T

U

W

wartko	szybko
warzyć	gotować
wcora	wczoraj
wsyndyj	wszędzie
wykopyrtnońć	wywrócić
wyłonacyć	(coś zrobić)

Y

Z

zadek	tyłek
zaduło, zakurzyło	zaśnieżyło
zegnom	zbiorą
zyniacka	żenidło
zyrdka	kłoda drewna

Ż

Ź

źobro	żebro

Zwroty typowe dla Górali

*dyć * e dyć * kie * nedyć * nyj * wyj * yj * hyj*
Wy *– odnosi się do starszych osób, reprezentuje szacunek*

Skarby Ukryte w Duszy

W Góralskim Stroju

Refleksja

„*Poezja jest moją pasją, urokiem życia nadającym mu sens, upiększaniem codzienności przeplatanej myślami oraz uczuciami. Jest to forma literacka która zaspakaja pragnienia, utrwala momenty i otwiera drogę do wieczności. Dotknięta magią słowa, otulona odrobiną wyobraźni, czująca ludzką dolę, rozumiejąca kręte ścieżki życia, mogę usiąść, zamyślić się i tworzyć – Poezję.*"

Anna Maria Stokłosa

416-858-9414
astoklosa@trebnet.com
anna_maria_stoklosa@rogers.com

Dorobek Literacki

Kolekcja zbioru wierszy poetów z całego świata:
- **The Beauty of Darkness**, *"The Teacher of Life"-Anna Stokłosa, The International Library of Poetry, Owings Mills, USA, 2002.*
- **The Golden Mantle of Evening**, *"Hold Me"-Anna Stokłosa, The International Library of Poetry, Owings Mills, USA, 2003.*
- **Theatre of the Mind**, *"Your Desire"-Anna Stokłosa, Noble House Publishers, Poetry Division, London, UK, 2003.*
- **The Best Poems and Poets of 2003**, *"The Beauty of Moment"-Anna Stokłosa, The International Library of Poetry, Owings Mills, USA, 2004.*
- **Colours of the Heart**, *"Believe in Yourself"-Anna Stokłosa, Noble House Publishers, Poetry Division, London, UK, 2004.*

Książki autorstwa Anny Marii Stokłosy:
- **Treasure of My Soul**, *Anna Stokłosa, Trafford Publishing, Victoria, BC, Canada, 2004.*
- **It's ok**, *Anna Stokłosa, Trafford Publishing, Victoria, BC, Canada, 2006.*
- **Dzień Wypełniony Uśmiechem**, *Anna Maria Stokłosa, Trafford Publishing, Victoria, BC, Canada, 2007.*

Wiersze na CD
-**The Sound of Poetry**, *Anna Stokłosa, The International Library of Poetry, Owings Mills, USA, 2004.*